# Minimalismus

# Inhaltsverzeichnis

# Einleitung

Tatsächlich ist Minimalismus eigentlich das Gegenteil von dem, was das Wort vermuten lässt. Schließlich geht es beim Minimalismus nicht um Verzicht, sondern um Gewinn, den man durch den Verzicht erhält.

Minimalismus bedeutet also, durch Verzicht auf Überflüssiges, wahres Glück und echte Zufriedenheit zu erfahren und zu leben.

Dieses Glück und die Zufriedenheit zeigen sich in allen Lebensbereichen, da Minimalismus nicht nur ein aufgeräumtes Haus, sondern auch einen aufgeräumten Kopf erzeugt.

Dies spiegelt sich besonders darin wider, dass ein Minimalist mit der Zeit immer mehr erkennt oder wahrnehmen kann, was ihm wirklich wichtig ist. Man erkennt und entdeckt seine echten Prioritäten und lernt diese auch wahrzunehmen. Man könnte also sagen:

***Ein Minimalist weiß, was er will und braucht!***

*Wo genau aber liegen die Unterschiede von einer normalen Person und einem Minimalisten?*

*Nur darin, dass der Minimalist weniger Güter besitzt?*

*Kann sich dadurch tatsächlich die ganze Lebensweise einfach so zum Positiven verändern?*

Die Antwort ist nein, denn der Verzicht auf materiellen Konsum ist nur ein Teil, wenn auch mit der wichtigste, möchte man ein minimalistisches Leben führen.

Minimalismus verändert die Grundhaltung und grundlegende Gedankenmuster sowie Gewohnheiten eines Menschen. Je mehr man sich auf den Minimalismus einlässt, desto stärker wird man seine Vorteile erfahren und genießen können.
Laut mehrerer Studien der letzten dreißig Jahre, ist man sich relativ einig darüber, was sterbende Menschen kurz vor ihrem Tod am meisten bereuen.

Am Ende eines Lebens bereut man nicht, es nicht zu mehr Einfluss, Ruhm, Geld, Sex oder Beliebtheit geschafft zu haben. Tatsächlich bereut man es am Ende viel mehr, nicht mehr Zeit mit den eigenen Liebsten verbracht zu haben oder dass man für Andere, anstatt für uns Selbst gelebt hat.

Viele Sterbende wünschen sich auch, dass sie weniger gearbeitet hätten, denn mit wachsendem Alter und wachsender Weisheit versteht man oft, dass es weit wichtigeres als Geld gibt.

*Was bringt es einem, Geld zu verdienen und sich dabei kaputtzumachen, wenn man dieses Geld nicht wirklich genießen kann, weil man sich von der Arbeit erholen muss?*

Menschen auf ihrem Sterbebett beschreiben in ihren Wünschen ein minimalistisches Leben. Sie erzählen von Aspekten, die sie zu wenig gelebt haben, welche der Minimalismus dagegen mit sich bringt. Vielleicht sagt ein Minimalist auf seinem Sterbebett, dass er in seinem Leben nichts anders gemacht hätte, als so, wie er es eben gelebt hat.

Unsere heutige Zeit ist so schnelllebig, wie keine je zuvor. Unser westlicher Konsum mit seinem ewigen Fortschritt und gefühlt täglichen Verbesserungen und Updates, bringt eine Flut von Sinneseindrücke mit sich, die wir gar nicht so schnell verarbeiten können, wie sie auf uns niederregnen. Das bringt neben dem Gefühl ständig up to date sein zu müssen, vor allem eine Menge Stress mit sich. Stress, den wir neben dem Trubel mit den Kindern, der Arbeit oder dem Studium in Kleister Weise gebrauchen können.

Minimalismus schafft es, diesen Stress in seiner Gänze auszulöschen und ersetzt ihn durch Zeit für die wichtigen Dinge im Leben. Was hierbei diese wichtigen Dinge sind, entscheidet man allein für sich. Das können Freunde, Familie, Hobbys oder andere Projekte sein. Vielleicht sogar der eigene Job, wenn man das Glück hat, einen auszuüben, den man wirklich gerne mag.

Beim Minimalismus geht es darum, sich von Statussymbolen abzuwenden und anzuerkennen, dass sie einen nicht glücklicher machen können, auch wenn sie gerne so tun als ob. Wahrzunehmen, worum es wirklich im Leben gilt, und dass Status, materieller Reichtum und Ruhm nicht dazu gehören, ist eine der wichtigsten Erkenntnisse, die ein Minimalist erlebt und schließlich als absolute Wahrheit anerkennt.

Stattdessen stellt man fest, dass die Menschen in der eigenen Umgebung und die wahren Interessen und Leidenschaften, so viel wichtiger sind und damit auch so viel mehr Beachtung und Zeit verdienen als der eigene Ruf oder das Image.

Stellt man sich eine unaufgeräumte und chaotische Küche vor, in der man kochen soll, liegt nahe, dass man eher wenig Lust hat zu kochen.

Ist die Küche dagegen Blitz blank und nicht chaotisch, sondern alles hat seinen Platz und alles ist übersichtlich, wird die Lust auf das Kochen gleich viel größer und kann wirklich Spaß machen.

Minimalismus funktioniert nach genau diesem Prinzip. Es geht um das Aufräumen und Entfernen des Unwichtigen, wodurch Platz für neues und eine solide Ordnung des Alten entsteht.

Wo altes ausgeräumt wird, kann auch wieder neues entstehen. Stillstand und das Gefühl, das sich am besten mit dem Wort festgefahren beschreiben lässt, existieren nicht länger und alles ist stetig im Fluss ohne sich anzustauen.

Ein Minimalist lernt, was im Leben wirklich zählt und wird plötzlich viel mehr Zeit haben, seinen Leidenschaften und Hobbys zu folgen. Das Minimalismus Zeit schenkt, klingt erst einmal merkwürdig, schließlich ist Zeit eine unserer kostbarsten und damit auch seltensten Ressourcen.

Gehen wir zu dem Beispiel mit der Küche zurück. Stellt man sich vor in einer chaotischen, unaufgeräumten und vollen Küche kochen zu müssen, kann man sich leicht vorstellen, dass das Ganze in einer aufgeräumten und geordneten Küche schneller gehen kann. Wenn man alles auf den ersten Blick findet, alles einen festen Platz besitzt und man keine Zeit mit unnötigem Suchen verschwenden muss, ist es logisch, dass eine Menge Zeit gespart wird.

Wer Minimalist werden möchte oder sich für das Thema zumindest interessiert, tut dies wahrscheinlich, da er mit seinem Lebensstil bis zu diesem Punkt unglücklich und unzufrieden ist. Anzuerkennen, dass das eigene Leben nicht so erfüllend ist, wie es sein könnte, ist der erste Schritt in die richtige Richtung! Es ist der erste Schritt auf einem Weg, der zu mehr Glück führt, wenn man bereit ist, ihn bis zum Ende zu gehen.

Jeder Mensch hat ein Recht darauf, glücklich und zufrieden zu leben. Manchmal muss man aber auch bereit sein etwas dafür zu tun und es wagen etwas im eigenen Leben für dieses Ziel zu verändern. Ohne eine Veränderung im äußeren Leben und in den eigenen Gedanken, kann sich nichts verwandeln, wie sollte es auch. Dafür muss man sich entscheiden und im Anschluss aktiv handeln! Dafür, dass Minimalismus sehr viel im Leben zum positiven verändert, ist es ein extrem leichter Weg mit wenigen Anstrengungen auf dem Weg zu einem großen Ziel. Das ist es, was Minimalismus unter all den anderen Arten das eigene Leben zu führen, so extrem besonders und macht. Dazu kommt, das dieser Lebensweg gleichzeitig noch Geld und Zeit spart, Dinge die sich wohl die meisten Menschen auf dieser Welt in riesigem Maße wünschen und alles dafür tun würden.

Minimalismus ist also ein Lebensstil, der uns mehr der beiden bedeutendsten Ressourcen von uns Menschen schenken kann und

Zufriedenheit, Erfüllung, Nachhaltigkeit und eine gesunde Strukturiertheit noch dazu gibt.

Gleichzeitig gibt es nichts, was gegen Minimalismus spricht.

Es grenzt an einem Wunder, dass wir Menschen nicht längst alle minimalistisch leben.

Minimalismus kann, was so vieles auf der Welt nur verspricht. Minimalismus macht tatsächlich glücklicher.

# Wie wird man zum Minimalisten?

Minimalismus hat erheblichen Einfluss auf viele unserer Lebensbereiche, womit sich auch in vielen Bereichen eine Wandlung vollzieht.

Um selbst minimalistisch zu werden, sollte man erst verstehen, auf welche Lebensbereiche sich ein minimalistischer Lebensstil positiv auswirkt. Sich diese Vorteile vor Augen zu führen, steigert enorm die Motivation, minimalistisch zu werden, ist ein guter Ansporn und kann als klares Ziel dienen.

Der positive Einfluss des Minimalismus auf verschiedene die verschiedenen Lebensbereiche

## Geld

Im Minimalismus geht es darum, weniger zu konsumieren und damit auch weniger zu kaufen. Man spart also Geld, in dem man darauf verzichtet, unnötige Dinge zu kaufen oder für Kleinigkeiten Geld auszugeben. Zu letzterem würde zum Beispiel ein Busticket zählen, das wir dem Fahrrad oder dem Weg zu Fuß vorziehen. Im Minimalismus lautet der absolute Grundsatz beim Kaufen von Dingen: Brauche ich das wirklich? Es ist wichtig, dass man beim Kauf immer kritisch prüft, ob man mit dem Kauf nur einer Gewohnheit oder einem vorübergehenden Gelüste nachgeht. Um dies zu prüfen, kann man sich vor einem Kauf fragen: Macht dieser Gegenstand mich glücklich? Erhält man von seinem eigenen Gefühl als Antwort ein nein, kann auf den Gegenstand auch gut verzichtet werden.

Es wird also offensichtlich Geld gespart, da man für weniger Dinge Geld ausgibt. Gleichzeitig wird aber vermehrt auf Qualität anstatt auf Quantität geachtet. Für einzelne Gegenstände wird jetzt also auch mal mehr Geld ausgegeben. Das heißt aber auch, dass diese Dinge weniger schnell kaputtgehen und nicht so schnell ausgetauscht werden müssen. Es lohnt sich also für das Portemonnaie durchaus teurer, anstelle von mehr zu kaufen. Auch ist es im Minimalismus wichtig, dass man Dinge repariert, anstatt sofort ein neues Produkt zu kaufen. Hierdurch wird noch einmal Geld gespart.

## Zeit

Es mag zunächst seltsam klingen, dass ein Lebensstil merkbar Zeit sparen und einem damit neue Zeit zur Verfügung stellen kann. Der wichtigste Aspekt hierbei ist, dass man als Minimalist plötzlich weniger Geld für seinen Lebensunterhalt benötigt! Das bedeutet vor allem eines: Es kann weniger gearbeitet werden! Für den einen klingt dieser Gedanke unglaublich entspannend und entlastend, der andere kann ihn vielleicht gar nicht nachvollziehen, da rein seinem Leben immer nur versucht hat möglichst viel zu verdienen.

Zeit wird aber auch im sonstigen Alltag gespart. Im Jahr verbringen wir mehrere Wochen allein mit dem Suchen von Gegenständen! Dieses Suchen nach Dingen, Notizen, E-Mails etc., fällt bei einem Minimalisten fast vollständig weg. Auch beim Einkaufen und vor allem beim Shoppen wird Zeit gespart und auch mit dem Putzen und Aufräumen verbringt man weniger kostbare Stunden. Wenn in einem Haushalt alles seinen festen Platz hat, alles übersichtlich und geordnet ist, findet man seine Sachen schnell wieder und wo weniger Kram ist, muss auch weniger aufgeräumt werden.

## Ordnung

Ordnung ist zunächst einmal ein Wort, dass nach einer unliebsamen Arbeit klingt, dem Aufräumen. Was aber, wenn man fast gar nicht aufräumen muss, um eine Ordnung aufrechtzuerhalten?

Wenn in der Wohnung alles seinen einen festen Platz besitzt, räumt man die Dinge nach dem Benutzen ganz automatisch wieder zurück. Dadurch, dass man weniger Dinge besitzt, ist das Aufräumen, wenn es dann mal sein muss auch schnell erledigt. Ein aufgeräumtes zu Hause strahlt eine ruhige Entspannung aus, gleichzeitig aber auch eine klare und halt gebende Struktur; genau das, was ein zu Hause haben sollte.

Ordnung lässt sich aber nicht nur auf materielle Besitztümer beziehen, sondern auch auf alle anderen Lebensbereichen.

Wer einen klaren, also aufgeräumten Kopf besitzt, wird merken, wie stark sich diese gedankliche Stärke auch auf alles andere auswirkt.

Mit wachsender Klarheit weiß man plötzlich viel besser, was man braucht, was man will und was einem guttut. Diese Ordnung lässt sich also übertragen. Z. B. auch auf zwischenmenschliche Beziehungen. Man macht sich bewusst, wie die Beziehung zu einem bestimmten Menschen wirklich aussieht, ob sie einem tatsächlich etwas gibt oder ob sie eher kräfteraubend ist.

Ordnung heißt also auch, sich mit allen Lebensinhalten kritisch auseinanderzusetzen und sie sprichwörtlich neu und in einer passenden Struktur umzuordnen.

## Gesundheit

Zum Minimalismus gehört auch eine ausgewogene und gesunde Ernährung. Da in diesem System das Wohlbefinden des Menschen an erster Stelle steht, ist die Ernährung natürlich ein wichtiger Punkt. Das liegt daran, dass eine unausgewogene Ernährung krank machen kann aber auch an dem mehr psychologischen Aspekt, dass wir mit uns selbst einfach viel zufriedener sind, wenn wir etwas Gesundes gegessen haben, anstelle von zwei Tafeln Schokolade.

Nachhaltigkeit ist ein weiterer wichtiger Punkt und als Minimalist beginnt man immer mehr auf ökologisch produzierte Lebensmittel zurückzugreifen, was unserer Gesundheit ebenfalls äußerst guttut.

Auch gehört Sport in den Alltag eines echten Minimalisten! Das muss nicht immer ein strammes Programm sein. Bewegung an der frischen Luft ist immer gesundheitsfördernd und deckt sich gut mit dem Vorsatz, für die drei Haltestellen nicht den Bus zu nehmen.

Eine minimalistische Person wird sich mit der Zeit wahrscheinlich nach mehr Natur sehnen, da sie sich mit ihren wahren Bedürfnissen auseinandergesetzt hat und das oft dabei rauskommt. Die Luft in der Natur verbunden mit Bewegung, also Wandern, Fahrradfahren, Kanufahren oder Klettern hat massive Einflussnahme auf unseren Gesundheits- und Gemütszustand.

## Fokus

Hier gilt wieder das Prinzip der aufgeräumten Küche: Wer sich ganz und gar auf das Kochen konzentrieren kann, weil er nebenbei nichts suchen muss, nebenbei nicht noch putzen und aufräumen braucht, der kocht besser! Wer eine chaotische und unstrukturierte Küche hat, verwechselt im Extremfall die Zuckerdose mit dem Salz. Einem Minimalisten könnte das nicht passieren, da alles klar beschriftet ist und jede Dose ihren festen Platz besitzt.

Wenn nichts anderes, als das Wichtige im Leben existiert, weil man alles andere rausgeschmissen hat, kann man sich auch nicht verzetteln. Es bleibt einem gar nichts anderes als Fokus übrig! Auch hier zeigt sich wieder, in welchem Maße sich Zeit und Nerven sparen lassen.

Da man sich vorher bereits mit der wichtigen Frage:
Was ist mir wirklich wichtig?, befasst hat, wird sich die Sache mit dem Fokus noch einmal leichter bewerkstelligen lassen, da man einfach Freude empfindet, wenn man sich auf die Dinge fokussiert, die einem wirklich wichtig und wertvoll sind.

## Nachhaltigkeit

In jeder Hinsicht wird uns aktuell mehr den je bewusst, dass wir in Sachen Nachhaltigkeit um einiges nachlegen müssen. Ob man sich hier auf den Klimawandel, das Artensterben oder Plastikmeere bezieht, es kommt auf das gleiche heraus: Nachhaltigkeit wird zunehmend wichtiger und man wird in dieser Sache in den nächsten Jahrzehnten noch so einige Reformen erleben, sei es das Verbot von Einweg-Plastikartikeln oder der Kohleausstieg. Lebt man minimalistisch, bekommt man diese Verbote und Einschränkungen vonseiten der Regierung kaum mit, da man auf diese Dinge ohnehin schon verzichtet.

Der Minimalismus beinhaltet jede Form der Nachhaltigkeit, in welchem Bereich auch immer. Da der materielle Konsum an sich schon deutlich eingeschränkt wird, entsteht eine starke Ressourcenschonung. Des Weiteren setzt man auf fair produzierte Produkte die länger halten, also auf Qualität statt Quantität. Wo Ressourcen geschont werden und Produkte länger halten, entsteht natürlich auch weniger Müll.

Ein weiterer wichtiger Punkt beim Minimalismus ist das reparieren und recyceln von Dingen. Dass diese beiden Aspekte nachhaltig sind, ist unbestreitbar.

Wie bereits im Punkt der Gesundheit erwähnt, geht es im Minimalismus auch um eine gesunde Ernährung, was sich unter anderem sehr auf Obst und Gemüse bezieht.

Beides sollte im Idealfall regional und ökologisch angebaut worden sein, am allerbesten natürlich im eigenen Garten.

Ist einem der Punkt Nachhaltigkeit besonders wichtig, muss man sich hier äußerst gut informieren, da Äpfel aus dem Nachbarbundesland genauso viele Emissionen erzeugt haben können, wie die aus Neuseeland, wenn sie vor dem Ankommen im Supermarkt schon ein Dreivierteljahr gekühlt werden mussten.

Abgesehen von Nahrungsmitteln, ist es möglich fast alles gebraucht zu kaufen oder umsonst zu erstehen und das hat mehrere Vorteile!

*1. Gebraucht ist meistens günstiger!*

Auch wenn man dem Artikel nicht ansieht, dass er bereits benutzt wurde oder er ist sogar noch neu, wird er wahrscheinlich nicht zu dem Originalpreis verkauft. Das heißt, auch hier kann man auf Qualität setzen, die man sich neu vielleicht nicht gegönnt hätte.

*2. Nachhaltigkeit und das gute Gefühl!*

Tatsächlich fühlt man sich einfach besser, wenn man einen gebrauchten Artikel kauft, anstatt wenn man ihn neu gekauft hat. Man hat damit meistens den Versandt gespart oder wenigstens den von Ostasien hierher, man spart an Verpackungsmüll und gibt sein Geld einer Einzelperson, der es mehr wert ist als einer großen Firma. Sollte einem der Artikel nicht gefallen, kann man ihn oft für den gleichen Preis weiterverkaufen. Das ist praktisch so wie ein normaler Umtausch an der Kasse.

*3. Viele nützliche Dinge bekommt man sogar umsonst oder sehr günstig!*

Sei es bei Ebay-Kleinanzeigen die Verschenke Kategorie, ein Kleidertausch oder eine Kiste an der Straße. Viele nützliche Dinge suchen einen neuen Besitzer, ohne das der alte etwas dafür haben will. Das liegt einfach daran, dass wir alle dazu erzogen wurden, es sei gut möglichst viel zu besitzen. Mit der Zeit wird einem dann bewusst, dass der ganze Ballast nicht unbedingt einen sinnvollen Nutzen hat.

Die direkte Nachkriegszeit, in der Besitz existenziell war und das Überleben sicherte, liegt nun schon eine Weile zurück und der Gedanke, dass mehr Besitz nicht gleich mehr Zufriedenheit oder Sicherheit bedeutet, muss sich erst noch in das Bewusstsein der Menschen arbeiten. Wer dies versteht, beginnt sich von seinem Kram zu trennen, ob er nun etwas dafür bekommt oder nicht.

## Persönliche Entwicklung

Wie kann sich eine minimalistische Lebenshaltung positiv auf die eigene persönliche Entwicklung auswirken?

Das ist einfacher, als es klingt, da wir kaum etwas dafür aktiv tun müssen. Entscheidet man sich für den Minimalismus, muss man sich ohnehin Fragen zu den eigenen Grundsätzen und Überzeugungen stellen, wodurch man sich ohne hin in seiner Persönlichkeit weiterentwickelt. Mit dem Fokus auf die wichtigen Dinge, egal ob im materiellen Besitz, in Sachen Menschen, also Freundschafts- und

Bekanntenkreise oder in der Ernährung und dem Blick auf das Leben, werden Entscheidungen fällig, da man sich aktiv mit diesen Fragen auseinandersetzt. Vielleicht tauchen hier Glaubenssätze oder Verhaltensmuster auf, die man nie hinterfragt oder gar bemerkt hat, da man sie einfach mit der Erziehung mitgenommen hat. Eine Persönlichkeit kann erst eine sein, wenn sie sich von anderen Menschen unterscheidet, was wiederum nur dann geschehen kann, wenn man Werte und Überzeugungen für sich selbst überprüft, ob sie einem richtig und sinnvoll erscheinen. Minimalismus bringt einen dazu Verhaltensweisen kritisch zu hinterfragen und das Hinterfragen von Dingen ist praktisch der Erzeuger einer echten Persönlichkeit!
Dazu kommt, dass mit dem wachsenden Fokus, ein Minimalist sich mehr auf seine persönlichen Belange und Interessen konzentriert, was zusätzlich eine Persönlichkeit unterstreicht und verstärkt.

## Unabhängigkeit

Im ersten Moment mag es paradox klingen, dass weniger materieller Besitz weniger Abhängig macht. Tatsächlich ist aber genau das der Fall. Besonders eine Person auf Reisen wird feststellen, dass sie am Ende ihres Aufenthalts nicht alles gebraucht hat, was sie vorher eingepackt hat und dass, obwohl sie vorher sicher war alles zu brauchen. Eigentlich ist es doch nur logisch, dass eine Person, die nie einen Föhn besessen hat, aus welchen Gründen auch immer, nicht abhängig von diesem ist. Wer dagegen neben dem einfachen Shampoo noch andere Pflegeprodukte für sein Haar besitzt, ist von diesen in gewissem Maße auch abhängig, vorausgesetzt er benutzt sie auch. Tut er dies nicht, ist der Besitz ja ohnehin überflüssig.

## Zufriedenheit

Wie bereits in der Einleitung erwähnt, sind Sterbende am Ende ihres Lebens in der Regel mit den Dingen nicht zufrieden, die Minimalismus ihnen gegeben hätte. Salopp gesagt: Im Umkehrschluss bringt Minimalismus einem also Zufriedenheit. Ausnahmen gibt es immer, zeugen in dieser Sache aber oft von einem niedrigen Selbstwertgefühl oder ähnlichem. Vermisst man zum Beispiel viele teure Luxusgüter, nachdem man begonnen hat minimalistischer zu leben, liegt das vielleicht daran, dass man seinen materiellen Reichtum vorher als Anzeige für den eigenen Wert betrachtet hat, bewusst oder unterbewusst.

Hat man also das Gefühl, Minimalismus würde einem nicht guttun, sondern einem etwas nehmen, was man eigentlich benötigt, hat dies meist Verlustängste oder ähnliche psychische Gründe, die es sich umso mehr lohnt zu betrachten und zu hinterfragen.

In erster Linie bringt Minimalismus Klarheit in allen Bereichen und in unserer Welt, die von Reizen und Entwicklung förmlich überquillt, gibt es einem ein wohliges Gefühl und damit Zufriedenheit, wenn etwas Klarheit einzieht und das Chaos besiegt.
Möchte man minimalistisch leben, gibt es verschiedene Schritte die abgearbeitet und erledigt werden wollen. Der erste Schritt, der damit schon über Erfolg oder ein Scheitern bestimmt, ist das Ausmisten des eigenen Besitzes.

# Die 3 Methoden zum Minimalismus

Möchte man Minimalist werden, gibt es mehrere Dinge, die man dafür tun sollte. Der erste Schritt hierbei ist ausschlaggebend für den Erfolg und sollte sehr ernst genommen werden! Das Ausmisten!

Man kann nur schwer ein Minimalist sein, wenn die eigene Wohnung mit unbenutztem Kram vollgestopft ist. Um dieses Ausmisten und Aufräumen zu erleichtern, gibt es viele effektive Methoden, bei denen für jeden etwas dabei ist.

## Die KonMari-Methode

Heutzutage kann man mit allem berühmt werden, so hat es die Japanerin Marie Kondo mit dem Aufräumen geschafft.

Ihre Bücher über effektives Aufräumen und ausmisten wurden in zahlreichen Sprachen millionenfach verkauft und inzwischen besitzt sie sogar ihre eigene Netflix Serie.

Marie Kondo verspricht, dass mit einem aufgeräumten Haus und geordneten Eigentümern ein glücklicheres Leben möglich gemacht wird.

Ihre Methode ist in mehrere Schritte aufgeteilt und ihr Grundsatz lautet, dass nur das behalten wird, was einen wirklich glücklich macht.

*1. Alles wird in einem angemessenen Zeitraum ausgemistet!*

Je nach Größe des Hauses oder der Wohnung sollte man sich eine eigene Deadline aufstellen die sich aber 6 Monate nicht überschreiten sollte. Außerdem hilft es beim Dranbleiben, wenn man sich auch für einzelne Themenbereiche oder Kategorien einzelne Deadlines setzt.

*2. Ausmisten nach Kategorie!*

Ein wichtiger Punkt, der sehr ernst genommen werden sollte, möchte man sein Ziel erreichen. Für einen gewissen Zeitraum, sei es eine Stunde oder drei Tage, nimmt man sich eine Kategorie vor und ausnahmslos alles, was zu dieser Kategorie gehört, wird in diesem Zeitraum untersucht und ausgemistet.
Hier fängt man bei einfachen Kategorien an und wagt sich erst später an die schwierigeren Dinge, wenn man bereits geübt ist. Das bedeutet es wird mit Dingen wie Kleidung, Stifte, Geschirr und Büchern angefangen, während man zu Fotos und anderen Erinnerungen erst am Schluss ankommt, da es am schwierigsten ist, sich von Erinnerungen zu trennen.

Das ist der Punkt, an dem man nun entscheiden muss, ob ein Gegenstand es wert ist, dass er behalten wird oder nicht. Was bringt dieser Gegenstand, wenn man ihn behält? Bei jedem Kleidungsstück und jedem einzelnen Buch sollte man sich fragen, ob man noch wirklich was davon haben wird oder ob es eigentlich nur Ballast ist. Das heißt, dass der Gedanke: “Ja, das zieh ich bestimmt irgendwann nochmal an”, nicht reicht, um dieses Kleidungsstück wirklich zu behalten. Mehr hierzu im Bonusgeschenk.

*3. Macht dieser Gegenstand mich glücklich?*

Bei jedem einzelnen winzigen Gegenstand, den man besitzt, wird diese Frage gestellt!

Bei einem ja, wird der Gegenstand behalten, bei einem nein nicht. Eigentlich ganz einfach, jedoch neigt man dazu, zu viel über diese Frage nachzudenken und sich die Sache damit unnötig schwerzumachen. Es geht darum auf das Bauchgefühl zu hören. Die erste Regung, die durch einen Gegenstand ausgelöst wird und nicht um das Gedankenkarussell, das vielleicht ausgelöst wird. Der Bauch und das Gefühl sollen entscheiden, ob ein Gegenstand behalten werden darf, nicht der Kopf.

Auf das Bauchgefühl zu hören und es richtig wahrzunehmen, braucht es etwas Übung, jedoch wird es mit der Zeit leichter auf dieses Gefühl zu hören.

*4. Jeder Gegenstand bekommt einen festen Ort zugewiesen!*

Dieser Punkt ist es, der einem später das Aufräumen sehr erleichtert. Wenn alles seinen Platz hat, beginnt man von ganz allein aufzuräumen, da der Kopf für diese Arbeit nicht mehr benötigt wird. Wie bei anderen Routinen, zum Beispiel dem Zähneputzen, kann alles automatisch laufen, da wir keine Entscheidungen mehr treffen müssen.

Für Erinnerungen eignet sich ein bestimmter Ort, zum Beispiel ein kleines Regal. Um zu verhindern, dass sich hier zu viel ansammelt, kann man die Regel aufstellen, dass für alles, was neu in das Regal kommt, ein altes Erinnerungsstück aussortiert wird.

Die gleiche Regelung lässt sich auch auf alle anderen Kategorien anwenden, seien es Gewürze, Pflanzen oder Küchenschwämme.

## Die Korb-Methode

Die Korb-Methode besitzt weniger Regeln als die KonMari-Methode und ist damit weniger kompliziert, kann aber ähnliche Erfolge erzeugen. Für einen gewissen Zeitraum nimmt man sich jeden oder jeden zweiten Tag vor, einen Korb oder Karton mit Dingen zu füllen, die man nicht mehr braucht. Mit dem Korb kann man durch alle Zimmer streifen und hier und dort etwas hineinlegen, jedoch ist es auch hier effektiver, wenn man nach Kategorie oder wenigstens nach Zimmer vorgeht. Die Sachen aus dem Korb können zum Beispiel im Keller gelagert werden, bis man sein Ziel erreicht hat. Dann kann man sich darum kümmern, was mit den aussortierten Sachen passieren soll.

## Die Karton-Methode

Die Karton-Methode ist am effektivsten, wenn man wirklich nur das besitzen will, was man auch benutzt.

Im ersten Schritt wird alles, der gesamte Besitz, in Kartons gepackt. Diese bleiben jedoch im Zimmer stehen. In den nächsten zwei Monaten lebt man aus diesen Kartons. Man kann sich alles herausnehmen, was man möchte, jedoch wird alles, was einmal den Karton verlassen hat auch nicht wieder zurückgetan, sondern kommt an seinen ursprünglichen Platz zurück.

Am Ende dieser zwei Monate kann man genau sehen, was man in dieser Zeit nicht benutzt hat, da diese Sachen immer noch in Kisten sind.

Nun kann man entscheiden, ob man sich den Inhalt der Kartons noch einmal ansieht und entscheidet, ob man nicht Dickicht noch etwas davon behalten will oder ob man alles in den Kartons weggibt. Meistens befinden sich in den Kartons viele Erinnerungen, die man zwar nicht benutzt hat, die aber einen hohen emotionalen Wert besitzen können.

# Die 7 Schritte zum Minimalismus

Jeder kann Minimalist werden! Dazu brauch es nur ein wenig Motivation und Durchhaltevermögen!

## Schritt 1

**Das Ausmisten!**

Für diesen ersten Schritt eignen sich am besten eine oder sogar mehrere der bereits vorgestellten Methoden. Wichtig ist, dass man sich einen realistischen Zeitplan erstellt und diesen dann auch wirklich einzuhalten weiß!

Zu dem ersten Schritt Richtung Minimalismus gehört aber nicht nur das Aussortieren der Eigentümer, sondern auch die Frage, was mit den aussortierten Dingen geschehen soll. Hier gibt es mehrere einfache Möglichkeiten, die sich generell in zwei Kategorien einteilen lassen:

*1. man verdient mit den aussortierten Dingen noch ein wenig*

*2. man spendet und verschenkt die Sachen*

**Wie wird man seine Sachen jetzt also sinnvoll los?**

Da Nachhaltigkeit einen wichtigen Aspekt im Minimalismus darstellt, steht es nicht zur Frage, dass die Sachen einfach in den Müll geschmissen werden.
Möchte man mit seinen aussortierten Dingen etwas verdienen, vielleicht auch, weil wirklich wertvolle Stücke darunter sind, eignen sich zum Beispiel verschiedene Onlineplattformen. Ebay und Ebay-Kleinanzeigen oder Amazon können für alle Artikel genutzt werden. Kleiderkreisel ist für Kleidung gut geeignet, auf Mormox wird man seine Bücher gut los und auf reBuy seine elektronischen Geräte. Natürlich gibt es auch noch zahlreiche weitere Onlineplattformen und auch Facebook-Gruppen erreichen inzwischen sehr viele

Menschen. Hier gibt es Flohmarkt-Gruppen für fast jede Stadt oder auch Gruppen, in denen zum Beispiel ein bestimmter Kleidungsstil seine Anhänger hat.

Außerhalb des Internets gibt es natürlich noch den Klassiker, den Flohmarkt oder Secondhand-Läden sowie Antiquitätengeschäfte oder ähnliches.

Oft bringt das Verkaufen von Dingen einen recht großen Aufwand mit und wenn sich hier nicht größere Preise aushandeln lassen, lohnt sich die Arbeit eher wenig. Wer also keine Lust auf das Verkaufen hat, wird seine Sachen schneller und einfacher los, wenn er sie spendet oder verschenkt. Außerdem gibt dies auch Ei n gutes Gefühl und hilft anderen Menschen.
Die einfachste Methode ist hier, ein Karton mit Schild und Sachen auf die Straße zu stellen. Hat man aber wirklich die ganze Wohnung ausgemistet, reicht ein Karton kaum für die ganzen Sachen und für zu viel ist auch der breiteste Bürgersteig nicht geeignet.

Kleidung und auch einige Gebrauchsgegenstände wird man bei dem Deutschen Roten Kreuz oder der Diakonie los. Auch Verschenke-Märkte, Oxfam und Flüchtlingsheime freuen sich über nützliche Sachen.

Außerdem gibt es bei Ebay-Kleinanzeigen die Möglichkeit Dinge in der Kategorie zu verschenken einzustellen und auch in Facebookgruppen wird fleißig verschenkt.

Natürlich kann man als erstes gut die eignen Freunde oder die Familie über die Sachen drüberschauen lassen.

Für Kleidung und gegebenenfalls Bücher eignen sich Kleidertauschpartys sehr gut! Diese finden in den meisten Städten bereits regelmäßig statt und werden immer populärer. Bei einem Kleidertausch bringt jeder Kleidung mit, die noch gut erhalten ist, die er aber nicht mehr trägt.

Die Sachen werden dann auf Ständern und Tischen verteilt und jeder sucht sich Dinge aus, die er mit nach Hause nehmen kann. Hierbei spiel es keine Rolle, wie viele Sachen man mitgebracht hat und wie viele neue Stücke man gefunden hat. Eine solche Party lässt sich auch mit Freunden gut selbst veranstalten, sei es mit Kleidung, mit Geschirr oder Büchern.

## Schritt 2

An diesem Punkt hat man seine Wohnung gründlich ausgemistet und der ganze unnötige Kram wurde verkauft, verschenkt oder gespendet.

Die eigenen vier Wände sind nun aufgeräumter, es herrscht eine klarere Struktur und eine gewisse Ruhe.

An dieser Stelle also, vielleicht dem Schlüsselpunkt überhaupt, beschäftigt man sich mit der Grundessenz des Minimalismus und wendet diese auf das eigene Leben an.

***Die Frage: Was will ich und was macht mich wirklich glücklich?, ist im Minimalismus essenziell und stellt den Kern der ganzen Philosophie dar.***

An diesem Punkt beschäftigt man sich also intensiv mit genau dieser Frage.

Um ein Gefühl für die Frage zu bekommen, kann man zu Beginn ein Brainstorming dazu machen, um schon einmal ein Gefühl dazu bekommen. Eigentlich wissen wir alle ganz genau was wir brauchen, was wir lieben und was wir wollen. Ein Brainstorming, das nicht zu tief in den Sinn der Dinge geht, sondern die Intuition und das Bauchgefühl sprechen lässt, ist eine gute Methode in solch einer Situation.

In der japanischen Kultur ist ein wichtiger Bestandteil, seinen persönlichen Ikigai zu finden. Dieses Wort steht für die wahre Leidenschaft eines Menschen. Der eigentliche Lebenssinn und das, was einen wirklich von tiefster Seele erfüllt.

Ein Ikigai kann sich in vielen Formen zeigen und kann auch aus mehreren Dingen bestehen wie zum Beispiel Musik machen und wandern.

Um dem eigenen Ikigai näherzukommen, kann man sich mit den folgenden Fragen beschäftigen und versuchen diese gründlich zu beantworten.

- Was begeistert Dich?

- Was hast Du als Kind am liebsten gemacht?

- Was kannst Du immer wieder tun, ohne dass Dir langweilig wird?

- Was sind Deine wahren Talente?

- Wofür loben Dich andere?
- Was sind für Dich die wichtigsten Werte?

- Was soll anderen von Dir Erinnerung bleiben, wenn Du einmal nicht mehr bist?

- Was sagen Deine Freunde was Dich ausmacht?

Man muss seinen Ikigai auch nicht sofort finden. Je länger man sich mit Minimalismus beschäftigt, desto näher kommt man ihm ohnehin.

Außerdem kann der eigene Ikigai auch aus mehreren Elementen bestehen wie z. B. Dem Wandern und Schreiben oder tiefe Gespräche führen und Malen.

## Schritt 3

Nun gilt es jeden Tag einen weiteren kleinen Schritt Richtung Minimalismus zu gehen. Am besten nimmt man sich ein Heft zur Hand und beginnt Ideen, Fortschritte und Ziele aufzuschreiben.

Man kommt dem Minimalismus am einfachsten und schnellsten nahe, beziehungsweise integriert ihn am besten, wenn man sich wirklich jeden einzelnen Tag mit einem mehr oder weniger neuen Aspekt beschäftigt. Diese Regelmäßigkeit hilft dabei, Minimalismus zur echten Gewohnheit zu machen. Eine Gewohnheit ist aber nur dann als solche zu bezeichnen, wenn sie bis zu einem gewissen Grad automatisiert abläuft. Beim Zähneputzen fragt man sich nicht, wie das geht, wie viel Wasser oder wie viel Zahnpasta es braucht, sondern man putzt sich einfach die Zähne. Der Ablauf ist also automatisiert und fällt einem dadurch deutlich leichter. Um Minimalismus also zur Selbstverständlichkeit zu machen, so wie das Zähneputzen, braucht man regelmäßige Routine.

Gleichzeitig helfen einem die kleinen täglichen Aufgaben dabei, das eigene Leben auch wirklich gründlich und bis auf die letzte Kleinigkeit zu entrümpeln.
Bei der Liste für kleine tägliche Aufgaben sind keine Grenzen gesetzt. Hat man mit der eigenen Disziplin Probleme, kann es hilfreich sein, wenn man sich am Anfang der Woche schon für jeden Tag etwas vornimmt, dies aufschreibt, am besten in einen Kalender und am Ende des Tages die Sache abhakt. Sollte man einem Tag sein Ziel doch nicht mehr erreichen können, ist es besser, dieses durch ein anderes, einfacheres zu ersetzten, anstatt seine Aufgabe ganz ausfallen zu lassen. Das verhindert, dass man aufgibt und die kleinen Aufgaben für unnötig erklärt.

**Hier ein paar Vorschläge für die Liste:**

***- Ein Schild mit «Bitte keine Werbung» an den Briefkasten kleben.***

Diese kleine Handlung spart schon unnötigen Müll und es wird verhindert, dass man durch Prospekte dazu verführt wird, Dinge zu kaufen, die man eigentlich gar nicht benötigt.

***- Den Desktop aufräumen.***

Tatsächlich wird das Aufräumen des Laptops oder auch des Handys sehr unterschätzt. Meistens macht ein gutes Aufräumen und löschen von unnötigen Daten unsere Geräte sogar wieder schneller und leistungsfähiger.

Es ist erstaunlich, wie viel mehr es Spaß macht, sich an einen Laptop mit aufgeräumten Desktop zu setzten. Das entspricht unserer aufgeräumten Küche, wenn wir plötzlich mehr Lust haben zu kochen da alles an seinem Platz steht.

***- Apps, die man länger als einen Monat nicht benutzt hat, löschen.***

***- Alte Downloads, Fotos, Musik und Programme löschen oder neu ordnen.***

***- Einen Tag wirklich gesund ernähren, heißt: Keine Kohlenhydrate, Fleisch, Milchprodukte, Zucker und nur bestimmte Fette oder Öle. Dafür Obst, Gemüse und z. B. Hülsenfrüchte und viel Wasser trinken.***

***- Für eine Zeit oder sogar langfristig vegetarisch oder vegan leben.***

***- Einen Tag lang keinen Müll produzieren.***

***- Einen Tag lang nicht mit dem Auto fahren.***
***- Einem alten Freund, Bekannten oder Verwandten einen netten Brief schreiben, per Post!***

Zum Minimalismus gehört die eigentlich immer eintreffende Erkenntnis, dass persönliche Kontakte und ein passendes soziales Umfeld uns doch noch wichtiger sind und noch mehr glücklich machen, als wir ohnehin schon dachten.

***- Mit den Nachbarn oder Freunden besprechen, was man sich teilen könnte.***

Die Möglichkeiten sind hier extrem vielfältig:

Rasenmäher, Schneeschippe, vielleicht sogar das Auto, Inliner, Raclette, Grill, Heckenschere, Leiter und andere Werkzeuge und Gartengeräte, Ski- und Taucherausrüstungen, Biergarnituren, Zeltaus-rüstung ...

***- Da Minimalismus oder der Weg zum Minimalismus viel mit Aufräumen, weniger Materialismus, also eine Art von Verzicht und mit einer Art von Entgiftung zu tun hat, kann man dies auch gut auf den Körper selbst übertragen.***

Es ist kein Zufall, dass das Wort Frühjahrsputz mit der christlich traditionellen Fastenzeit einher kommt. Zum Herbst, besonders aber zum Frühling wird in vielen Kulturen und Religionen traditionstreu gefastet. Das heißt natürlich nicht, dass man tagelang nichts essen darf, auch wenn das die klassische Form ist. Heutzutage gibt es zahlreiche Fastenmethoden, wie zum Beispiel das Früchtefasten oder das beliebte Intervallfasten und noch viele weitere Methoden.

***- Eine Entgiftungskur machen.***

Passend zum Umfeld, also den eigenen vier Wänden gehört zum Minimalismus auch, dass man den eigenen Geist und den eigenen Körper aufräumt, neu ordnet und zur Ruhe kommen lässt. Eine Entgiftungskur eignet sich gut für das Aufräumen im eigenen Körper und hat dabei Einfluss auf viele Körperreaktionen. Entgiftungskur es erfreuen sich derzeit großer Beliebtheit, was in dem Sinne praktisch ist, dass eine enorme Auswahl vorhanden ist und somit ist für wirklich jeden was dabei.

***- Neue und gesunde Rezepte heraussuchen.***

Dieser Punkt empfiehlt sich besonders vor dem Einkaufen. Dann hat man die Möglichkeit sich auch einmal etwas Exotischeres auszusuchen und etwas Neues zu probieren, wozu man sonst keine Zutaten im Kühlschrank hat.

***- Ein Geschenk selbst basteln, anstatt es zu kaufen.***

Es ist erstaunlich, wie viel mehr sich viele Menschen über selbstgemachte und persönliche Geschenke freuen, als über gekaufte.

Da in vielen Köpfen Zeit inzwischen doch wieder mehr wert ist als Geld, ist auch ein Geschenk, das mit der Ressource Zeit und dafür mit keinem oder weniger Geld erschaffen wurde wertvoller, da der Schenkende eine wichtigere Ressource verwendet hat als Geld. Natürlich kommen die grundlegenden Aspekte des

Minimalismusgedanken noch dazu und sprechen ebenfalls für selbstgemachte Geschenke.

***- Zum Einkaufen immer eigene Taschen mitnehmen.***

Dieser Punkt sollte eigentlich sowieso selbstverständlich sein. Wir haben mit Sicherheit schon genug Plastiktüten, da muss man beim Einkaufen nicht noch welche kaufen.

***- Einen Tag nur eine Sache zurzeit machen***

Es ist erstaunlich, wie selten wir uns nur noch mit einer Sache zurzeit beschäftigen. Während dem essen läuft eine Serie, man schreibt über das Handy mit Freunden und checkt Mails und Facebook.

Minimalismus bedeutet eben, sich mit minimalem zu beschäftigen. Das heißt auch, dass die Musik beim Auto- oder Fahrradfahrern einmal ausbleiben kann. Vielleicht ist nach Monaten regelmäßigen Busfahrens einmal während der Fahrt das Handy leer und man hört das erste Mal die Ansagen für die anderen Haltestellen.

***- Bücher oder Kleidung tauschen mit Freunden.***

Natürlich kann man hier richtige Bücher- oder Kleidertauschpartys planen und veranstalten, das ist aber gar nicht immer nötig. Gerade wenn man seine Bücher und Kleidung behalten möchte, kann man auch einfach für ein paar Wochen tauschen. Wenn man bei einem Freund ist, nimmt man einen paar Bücher mit, die einem gefallen und wenn er dann einen selbst irgendwann besucht, kann er Bücher mitnehmen.

***- Leitungswasser trinken***

Ob man nun beschließt an einem Tag drei oder mehr Liter zu trinken oder sich vornimmt insgesamt mehr Wasser zu trinken, gesund ist sicher beides. Tatsächlich ist es aber gar nicht so einfach vier Liter zu trinken, wenn man sonst immer nur eineinhalb oder sogar nur einen trinkt. Der menschliche Körper ist aber gerade beim Trinkverhalten sehr schnell in der Lage mehr zu schaffen. Innerhalb von wenigen Tagen schafft man deutlich mehr als vorher und hat auch ein größeres Bedürfnis zu trinken.

***- den Kühlschrank leeren***

Sollte man den Kühlschrank beim Ausmisten vergessen haben, ist er spätestens jetzt fällig! Sei es der Senf und die sauren Gurken die seit drei Jahren nicht benutzt wurden oder das Pizzastück von letzter Woche. Im Kühlschrank sammelt sich sehr schnell genau das Essen an, was man nicht essen will, leider nicht andersherum.

***- Newsletter abbestellen***

Auch hier lässt sich eine unnötige Informationsflut mit zu vielen Sinneseindrücken einsparen.

***- Handyauszeit***

Es kann erstaunlich guttun, wenn man tageweise Mal seinem Handy, dem Fernseher oder dem Laptop entsagt. Sollte das alles nicht möglich sein, wenigstens den Kopfhörern oder bestimmten Apps. Idealerweise verbannt man gleich alle Unterhaltungsgeräte für einen oder mehrere Tage aus dem ganzen Haus.

## Schritt 4

Ist ja alles schön und gut, jetzt ist klar was man nicht mehr konsumieren soll, was dem Minimalismus nicht entspricht und woran man sparen könnte. Was aber, darf man denn jetzt kaufen und genießen?

In diesem Schritt geht es darum zu lernen, was aber auch für sich selbst zu entscheiden, was man guten Gewissens konsumieren kann und sollte.

Essen – für den Minimalisten wohl einer der größten und wichtigste Konsumgüter, aber was genau sollte ein Minimalist am besten zu sich nehmen?

Minimalismus heißt als allererstes ein möglichst glückliches und erfülltes Leben zu führen. Das heißt, Krankheit sollte natürlich möglichst vermieden werden und das lässt sich mit der richtigen Nahrung noch viel besser erreichen, als man vermuten mag.

Der Glaube, dass die gute alte Pyramide, wie man sie früher im Sachunterricht gelernt hat, nicht mehr stimmt und es auch eigentlich nie getan hat, setzt sich in den Gedanken von immer mehr Menschen durch.

Stattdessen beginnen immer mehr Menschen sich vegetarisch oder vegan zu ernähren, sich Superfoods oder Smoothies zu widmen und auf Fast Food und Fertigprodukte zu verzichten und stattdessen Biolebensmittel zu kaufen.

Was aber inzwischen jedem bewusst ist, was wir wirklich brauchen, sind vor allem Wasser und Obst und Gemüse. Natürlich sind

Proteine, die richtigen Fette und Öle und soweit nicht zu vergessen, trotzdem haben besonders Milch - und Fleischprodukte sowie Kohlenhydrate nach wie vor einen viel zu großen Platz auf unserer täglichen Speisekarte.

Der andere Punkt ist, dass es nicht nur auf das Nahrungsmittel an sich, sondern auch auf seine Herkunft ankommt.

Der Apfel aus dem eigenen Garten oder vom Biobauern aus dem Nachbarort, hat mit dem genmanipulierten Mais vom anderen Ende des Planeten wenig zu tun.

Für unsere Gesundheit ist es also sehr sinnvoll auf fair produzierte und biologisch angebaute Lebensmittel zu setzten.
Der Minimalismus bedeutet aber ja nicht nur der Wunsch, dass es uns gut geht, sondern auch, dass es den Herstellern unserer Nahrungsmittel und dem Rest der Erde möglichst gut geht. Das heißt also auch, dass Bio nicht nur für unseren Körper, sondern auch für unser Gewissen und den Rest des Planeten am gesündesten ist. Dazu kommt, dass regionale Lebensmittel eine riesige Menge Emissionen einsparen und den Bauern, anstatt den Konzern bezahlen, wenn man auf dem Markt einkauft. Man verlangt von den Bauern, dass sie ihre Tiere fair halten und möglichst wenig Pestizide einsetzten, wie aber soll das gehen, wenn die Konzerne ihnen die Lebensmittel aber nur unfassbar billig abkaufen? Richtig, die kleineren Betriebe haben keine Wahl, wenn sie nicht ohnehin schon verkaufen müssen. Das heißt also, regional und auf dem Markt oder direkt beim Bauern zu kaufen ist fast, wenn nicht schon genauso wirkungsvoll und wichtig wie biologisch angebaute Lebensmittel zu kaufen.

Entscheidet man sich dazu, seine Lebensmittel fair oder ökologisch zu kaufen, ist es sinnvoll sich mit den Unterschieden der verschiedenen Öko-Siegel auseinanderzusetzen. Es ist nicht zu unterschätzen, was für Welten zwischen Demeter oder Bioland und dem herkömmlichen EU-Siegel liegen! Außerdem sollte man sich damit beschäftigen, bei welchen Produkten es am wichtigsten ist, sie im Bioformat oder wenigstens mit einem Fairtrade-Siegel zu kaufen. Hierzu gehören in erster Linie Nahrungsmittel die in fernen Ländern und von großen Plantagen oder Farmen kommen, also Bananen, Zucker, Kaffee, Avocados, Tees, Öle, Soja und viele weitere. Auch sind Soja und Mais in Hinblick auf Genmanipulation nicht zu vergessen.

Ähnliche Vorsicht gilt natürlich bei Milchprodukten und Fisch, von Fleisch ganz zu schweigen. Schließlich produzieren diese Produkte in der Regel physische und psychische Schmerzen bei anderen Lebewesen und sollten daher immer einen zertifiziert ökologischen Hintergrund haben oder von einem Hof kommen, den man persönlich kennt und einschätzen kann, wenn man nicht auf sie verzichten kann oder möchte.

In den meisten größeren Städten gibt es inzwischen sogenannte Unverpacktläden. Diese Läden haben Plastik vollkommen verbannt. Man kann seine eigenen Gläser für Nudeln, Mehl oder ähnliches mitbringen und sich sogar Shampoo und Spüli abfüllen. Allein für die Erfahrung, einmal in einem Unverpacktladen eingekauft zu haben, lohnt es sich schon einen in der Nähe zu suchen! Da ist es plötzlich doch gar nicht mehr so schwer wenig oder gar keinen Müll zu produzieren.

Grade jetzt, wo Bioartikel in den Trend kommen, ist es auch sinnvoll, sich zu informieren, welche Firma tatsächlich hinter dem Artikel steht. Da entscheidet man sich schon für ein teureres Shampoo, extra aus dem Biomarkt und dann ist es trotzdem von Nestle, einem Konzern, der offen damit umgeht Lebensgrundlagen zu zerstören und Menschenleben auf dem Gewissen zu haben. Natürlich ist Nestle hier nicht der einzige und vielleicht auch nicht der schlimmste Konzern. In erster Linie geht es ja aber genau darum, die großen Konzerne insgesamt zu meiden und stattdessen den einzelnen Bauern zu unterstützen.

Also, auch hier gilt, vorher informieren, dann kaufen! Das klingt alles kompliziert und sehr komplex, es lohnt sich aber, sich ein wenig damit zu beschäftigen, um für den Rest seinen Lebens zu wissen, bei wem denn jetzt das eigene Geld ankommt und wer was damit anstellt.

Nahrungsmittel sind eine kleine Ausnahme zu dem sonst sehr geldsparendem Minimalismus. Aber auch wenn man für die einzelnen Nahrungsmittel vielleicht mehr Geld aus gibt, spart man wiederum in dem man auf Fertigprodukte verzichtet und stattdessen selbst kocht und indem man hauptsächlich Sachen zu sich nimmt die auch satt machen.

## Kleidung

Bei der Kleidung sieht es tatsächlich ähnlich aus wie bei dem Essen.

Der Gedanke, dass fair produzierte Mode sich nicht Mode nennen sollte, einfach da sie nun mal nicht modisch ist, ist seit einigen Jahren überholt. Dafür ist die Nachfrage nach fair produzierter Kleidung längst viel zu groß. In den letzten paar Jahren sind zahlreiche Firmen und Marken entstanden, die für jeden Geschmack schöne und nicht allzu teure Kleidung herstellen. Außerdem ist auch der Umstand zu beachten, dass faire Kleidung wirklich lange halten soll, im Gegenteil zur Kleidung der Durchschnittsmarken, die schließlich davon leben, dass ihre günstigeren Sachen schnell nachgekauft werden.

Tatsächlich ist es gerade in großen Städten überhaupt nicht mehr nötig Kleidung neu zu kaufen, was dem Sinn des Minimalismus ja am meisten entspricht.

Secondhandläden und Kleidertauschpartys oder ähnliche Projekte und Veranstaltungen bieten eine derart große Auswahl, dass sogar viele Läden und Marken da nicht mithalten können. Logisch, schließlich finden sich hier Schätze aus den letzten zwanzig, dreißig, vielleicht sogar vierzig Jahren, für die in der Regel wenig Geld oder sogar gar keines weggehen und unter denen sich öfter als gedacht auch schicke Designerstücke und Blickfänger verstecken.

Im Gegensatz zum Kaufen von Nahrungsmitteln ist das minimalistische Handeln in Sachen Klamottenkauf extrem geldsparend! Selbst wenn man einmal ein teureres Stück kauft, lohnt sich doch die Qualität und lässt den Wert von Quantität weit hinter sich. Es werden deutlich weniger Kleidungsstücke gebraucht, weniger nachgekauft und sie halten auch noch länger.

### Bekanntenkreis, Freunde und Familie

Auch wenn sich Minimalismus besonders an Gegenständen und Besitz, sowie Verhaltensweisen erkennen lässt, verändern sich doch in der Regel auch die Beziehungen zu anderen Menschen.

Die wichtigste Frage hier lautet: Welche Menschen tun mir wirklich gut?

Es geht also darum alle Kontakte kritisch zu überprüfen und festzustellen, was die zwischenmenschliche Beziehung zu den einzelnen Personen ausmacht und kennzeichnet. Wie schon bei der Kleidung, muss man erst lernen, dass es keineswegs um Menge, sondern viel wichtiger, um die Qualität geht, gerade bei Beziehungen und Bekanntschaften jeder Art!

## Schritt 5

Um Minimalismus in allen Lebensbereichen wirklich zu integrieren, fehlt jetzt noch der letzte Aspekt; unser Innerstes.

In dieser letzten Etappe geht es um unsere Gedanken und Verhaltensmuster und unsere innere Einstellung zu der Welt um uns herum, aber auch zu uns selbst.

Um zu erkennen, was einem wichtig ist oder was man braucht, um glücklich zu sein, muss man als Erstes sich selbst gut kennen, wie soll man sonst die richtigen Entscheidungen für sich treffen?

Um sich selbst noch besser kennenzulernen, kann man sich verschiedene Fragen stellen und gründlich beantworten. Wichtig ist, dass man hierbei eine gute Kombination aus Bauchgefühl und kritischem Hinterfragen anwendet.

Man beginnt zuallererst mit seiner eigenen Meinung über sich. Also, was magst du an dir? Was magst du nicht? Wie nimmst du dich wahr? Die Frage: Wie sprichst du über dich selbst?, kann außerdem eine ganze Menge über dein wahres Selbstwertgefühl und deine Kommunikation mit anderen verraten.
Am effektivsten ist es, wenn man diese Fragen in einem Heftchen notiert und nacheinander beantwortet. Sollte dies einem schwerfallen, kann man an die Sache auch in Form eines Brainstormings oder ähnliches herangehen. Sollte auch dies nicht zu vernünftigen Ergebnissen führen, kann man eine vertraute Person, zum Beispiel einen guten Freund fragen, wie er die Fragen für einen beantworten würde. Wichtig ist, sich für diese Aufgabe einen Freund auszusuchen, der auch wirklich ehrlich ist und sinnvoll kritisieren kann. Die Aussagen des Freundes lassen sich zusammen gut

reflektieren und spätestens dann bekommt man ein Gefühl zu den Fragen.

Weiter geht es mit dem Thema Angst. Tatsächlich behaupten viele Menschen, dass sie vor nichts Angst haben. Hierbei vergessen sie aber öfter, dass man nicht nur vor Dingen Angst haben kann die man sieht, sondern auch vor Sachen wie Ablehnung, Verletztwerden, Mangel, der Zukunft, Armut, Verlassen werden und vieles mehr.

Erstaunlich viele Verhaltensmuster sind plötzlich ganz logisch und erklärbar, wenn man sich ein wenig mit seinen eigenen Ängsten auseinandergesetzt hat. Hier kann man sehr viel Neues über sich lernen.

Zum Schluss ist es immer gut, sich mit seinen langfristigen oder auch kurzfristigen Zielen auseinanderzusetzen. Wie soll man denn etwas erreichen können, wenn man gar nicht genau weiß, worum es geht und wie der Wunsch konkret aussieht?

Auch in Hinsicht darauf, in welcher Form man sich vom Minimalismus Veränderungen wünscht, kann man gut Ziele formulieren und am besten auch aufschreiben. Natürlich gehören aber auch Ziele in Form von beruflicher Perspektive oder Beziehungen dazu.

Es gibt zahlreiche Möglichkeiten, wie man sich auch im Alltag kleine Sequenzen einbauen kann, um sich selbst und die eigenen Motive besser kennen und verstehen zu lernen. Zu den bekanntesten und wahrscheinlich wirkungsvollsten Methoden gehören hier das Meditieren und das Tagebuchschreiben. Diese kleinen und persönlichen zehn Minuten in denen man meditiert oder Tagebuch schreibt, kann man auch gut in seinem Kalender als eine der täglichen Aufgaben festhalten.

## Das freie Schreiben

Das freie Schreiben ist eine Methode, um Worte zu empfangen, die nicht durch starres Nachdenken und damit nicht durch unseren Verstand entstanden sind, sondern durch unsere Intuition. Zum freien Schreiben benötigt man nur einen Stift, ein Blatt und am besten noch eine Stoppuhr. Die Stoppuhr kann man auf drei, später auch auf fünf oder zehn Minuten stellen. In dieser Zeit wird dann einfach geschrieben. Wichtig ist, dass der Stift nicht abgesetzt wird und man nicht in das Nachdenken gerät. Am einfachsten kann man damit anfangen aufzuschreiben was man sieht, meistens kommt man ohnehin von jedem Thema irgendwie dahin was einen gerade beschäftigt und falls nicht, ist das auch nicht falsch. Es geht einfach darum in einen Schreibfluss zu kommen und dann einfach dabei zuzusehen was passiert.

## Traumtagebuch schreiben

Wie das freie Schreiben ist auch das Traumtagebuch eine abwechslungsreiche Alternative zum normalen Tagebuch. Hier schreibt man direkt nach dem Aufwachen seine Träume in ein kleines Heftchen, das schon neben dem Bett liegen sollte. Es ist darauf zu achten, dass die Träume möglichst direkt nach dem Aufwachen aufgeschrieben werden, ansonsten vergisst man sie doch allzu schnell wieder. Traumtagebuch zu schreiben ergibt allerdings deutlich mehr Sinn, wenn man es auch regelmäßig, also jeden Tag führt. Sollte man sich nicht an einen Traum erinnern können, schreibt man einfach nicht geträumt. Um seinem Unterbewusstsein ein paar Informationen entlocken zu können braucht man aber im Idealfall die Protokolle mehrerer Träume.

## Schritt 6

Jetzt ist eigentlich das Meiste geschafft, trotzdem ist dieser Punkt keineswegs zu unterschätzen! Hat man einmal begonnen sich minimalistisch zu verhalten und ist auf dem besten Weg dahin ein wirklicher Minimalist zu werden, ist es natürlich wichtig, dass man nicht wieder in alte Gewohnheiten zurückfällt!

Um das zu verhindern braucht man wieder sein Heftchen. Jetzt wird genau aufgeschrieben, was man sich vom minimalistischen Leben erhofft, wie dieses aussehen soll und was die eigenen Regeln dafür sind. Letztere können sehr vielfältig aussehen z. B. Höchstens einmal in der Woche auswärts essen, etwas Neues (außer Nahrungsmittel) nur dann kaufen, wenn dafür etwas Altes aussortiert wird und so weiter.

Um zu verhindern, dass man in alte Gewohnheiten zurückfällt, gibt es einige Tricks:

### Die Brauch-ich-das-wirklich-Liste

Die meisten kennen das, man sieht etwas in einem Laden, im Internet oder im Schaufenster und will es einfach haben. Nun hat man aber entschieden minimalistischer zu leben und dieser Gegenstand, sagen wir mal es ist eine Lampe, wird nicht wirklich gebraucht. Früher hätte man die Lampe einfach gekauft, jetzt aber muss sie erst die Aufnahmeprüfung bestehen!

Wie genau diese aussieht, entscheidet man selbst. Man kann zum Beispiel eine Liste einführen, auf die man alle Gegenstände schreibt, die man haben möchte, jeweils mit Datum versehen und setzt man sich einen bestimmten Zeitraum z. B. drei Wochen. Möchte man nach drei Wochen diesen Gegenstand immer noch haben, kann man ihn guten Gewissens kaufen. Sollte man in der Zwischenzeit festgestellt haben, dass man die Lampe eigentlich doch nicht braucht, wird sie von der Liste gestrichen. Es ist erstaunlich oft der Fall, dass wir etwas haben wollen und es uns vier Tage später schon gar nicht mehr interessiert oder wir es sogar ganz vergessen haben! Genau das ist die zweite Möglichkeit. Wenn man etwas im Schaufenster sieht, kann man beschließen, es sich erst in zwei Wochen zu kaufen, sollte man es bis dahin nicht vergessen haben und immer noch haben wollen.

## Schritt 7

Zum Schluss kommt die schönste und eigentlich einfachste Aufgabe. Sie lautet ganz einfach: Entspann dich!

Niemand wird vom einen auf den anderen Tag ein Minimalist! Trotzdem ist es erstaunlich, wie schnell man sein Leben verändern kann, wenn man es wirklich will.

Am überhaupt wichtigsten bei der Umstellung zum Minimalismus ist, dass man das Ganze mit einer gewissen Entspannung erleben und erledigen kann. Schließlich geht es im Minimalismus ja darum, dass es einem gut geht! Auf Zwang sich von Dingen zu trennen und auf andere Sachen zu verzichten, macht nur dann langfristig glücklich, wenn man von Anfang an mit einem guten Gefühl dabei ist.

Jeder macht am Anfang ein paar kleine Fehler und kauft etwas, von dem er eigentlich weiß, dass er es nicht braucht. Diese Fehler sollte man sich immer verzeihen, man lernt erst mit der Zeit, was man wirklich will und braucht.

Minimalismus hat eine unglaubliche Macht. Er schenkt einem mehr Geld, mehr Zeit, mehr Gesundheit, wahre Erfüllung und Zufriedenheit. Es wäre schade mittendrin aufzugeben, weil man das Gefühl hat, man kann das alles nicht und ist doch nicht für den Minimalismus geschaffen, das ist Unsinn.

Jeder kann ein Minimalist werden, man muss es nur wollen.

# Schlusswort

Da müssen wir erst im materiellen Reichtum, im Kaufrausch und im Protz versinken, um dann zu merken, dass es uns doch eigentlich vollkommen reicht, wenn die wichtigen Sachen da sind. Essen, geliebte Menschen, Kleidung, die man wirklich gerne trägt und Gebrauchsgegenstände die man auch wirklich gebraucht.

Für diese Erkenntnis haben wir Jahrhunderte benötigt und es wird noch einmal eine ganze Menge Jahre brauchen, damit mehr und mehr Menschen zu dieser Erkenntnis kommen können. Wer zum Minimalisten wird, hat eine Vorbildfunktion der ganzen westlichen Gesellschaft gegenüber. Ein Minimalist ist fähig anderen Menschen zu zeigen, wie man wirklich glücklicher wird. Etwas, das tausende von Artikeln, ob Kleidung, Kosmetika oder elektronische Geräte versprechen und doch nur kurz, wenn überhaupt, einhalten können.

Minimalismus ist das, was die Welt zu einem besseren Ort machen kann, durch den Respekt vor anderen Menschen, Tieren, der Umwelt und unserem ganzen Planeten.

Unsere Generationen, die, die jetzt mitten im Leben stehen, haben noch erlebt wie Eltern oder Großeltern mit Besitz umgegangen sind. In der Nachkriegszeit kann es gar nicht infrage den halben Haushalt auf die Straße zu stellen! Wer etwas hatte, war froh darüber und reicher Besitz rettete Leben. Diese Zeiten sind vorbei, trotzdem sind diese Menschen es, die uns erzogen haben und uns beigebracht haben, dass Besitz wichtig ist und uns das Leben in allen Bereichen erleichtert. Zu ihrer Zeit mag das gestimmt haben, jetzt aber ist es anders. Ein großer Teil unseres Besitzes belastet uns mehr als dass er uns nützt, vom richtigen Horten der Dinge ganz zu schweigen. Was vor achtzig bis sechzig Jahren noch galt, hat sich heute in das Gegenteil verwandelt und wir müssen nun lernen, von was wir uns besser trennen sollten, wenn wir ein glücklicheres und geordneteres Leben führen wollen.

Auch wenn die Übergangsphase zum Minimalismus mit etwas Arbeit verbunden ist, früher oder später ist man ein wahrer Minimalist und gewöhnt sich derart daran, dass man sich eines Tages fragt, wie man es denn ohne den Minimalismus und stattdessen mit diesem ganzen unnötigen Kram ausgehalten hat.

Minimalismus ist ein Geschenk, das nichts kostet, eine Philosophie, die für alle nur das Beste will und vor allem eine Philosophie, die wirklich einhalten kann, was sie verspricht. Und selbst wenn man theoretisch feststellen sollte, dass man einfach nicht der Minimalismus-Typ ist, es hat mit absoluter Sicherheit nicht geschadet es versucht zu haben! Selbst wenn man wieder aufgeben sollte, hat man doch wenigstens begonnen die eigenen vier Wände und auch den Rest seines Lebens zu entrümpeln.

## Das Leben eines Minimalisten

Ein Minimalist kann morgens aufwachen und feststellen, dass alles einfach an seinem Platz ist. Alles ist aufgeräumt, nirgendwo ist Chaos und man findet sofort das, was man sucht. Eigentlich sucht man nicht einmal mehr, man weiß ja schon wo alles ist. Man kann in Ruhe frühstücken, da es wenig gibt, was dazwischen kommen könnte, nicht einmal die Stauwarnung.

Zur Arbeit fährt man mit dem Fahrrad, hört das Singen der Vögel und fährt ganz entspannt.

Ob man sich nun eine Arbeit ausgesucht hat, die einem wirklich entspricht und erfüllt, beides hat Vor- und Nachteile. Falls man nach wie vor einem Job nachgeht, den man nicht gerade liebt, ist das auch in Ordnung. Immerhin kann man früher nach Hause, da man weniger Geld für seinen Lebensunterhalt braucht! Weniger Arbeit und mehr Geld, das klingt auch nach dem fünften Mal noch unrealistisch und verrückt.

Wieder zu Hause oder wo auch immer man nach der Arbeit hingefahren ist, kann man seinen wahren Leidenschaften nachgehen oder sich mit wirklich guten Freunden treffen. Man kann sich Projekten widmen die einen wirklich begeistern oder sich irgendwo engagieren so, dass man am Ende des Tages das Gefühl hat eine schönen erfüllten Tag gehabt zu haben.

Es muss schön sein am Ende seines Lebens zu denken, dass man nichts anders gemacht hätte und dass es einem an wirklich nichts gefehlt hat, weil man früh genug erkennen konnte, worauf es wirklich im Leben ankommt.

## *Bonusgeschenk*

An dieser Stelle möchte ich mich ganz herzlich bei Ihnen bedanken.

Um Ihren Minimalismus - Wandel noch einfacher umzusetzen zu können habe ich exklusiv für Sie die besten Tipp´s und Trick´s zum Thema: „Wie entrümpele ich richtig“ zusammengestellt. Viel Erfolg bei der Durchsetzung

# Bonusgeschenk:

**Wie entrümpelt man richtig**

„Das Leben ist einfach, aber wir bestehen darauf, es kompliziert zu machen.“

(Konfuzius, chinesischer Philosoph, vermutlich 551 v. Chr. – 479 v. Chr.)

Warum viele unnötige Dinge besitzen, die einen nur abbringen vom Wesentlichen im Leben?

Man braucht kein Badezimmer mit zig Tuben und Fläschchen chemisch hergestellter Kosmetik, die man für teures Geld erstanden hat.

Natron z. B. ist ein absolutes Allroundtalent, es ist zudem basisch, umweltfreundlich und sehr gesundheitsfördernd. Man kann damit u. a. Zähne putzen, Haare waschen, man kann es als Peeling benutzen und vieles mehr.

Duschgel, welches auf Sodium Laureth Sulfate basiert, ein Stoff der u. a. ein Hauptbestandteil vom Entlaubungsmittel „Agent Orange" im Vietnamkrieg war, braucht man nicht, eine gute Pflanzenölseife ist sicherlich viel hautschonender und auch umweltfreundlicher. Zumal Schweiß wasserlöslich ist und es dafür sowieso keine zusätzlichen Reinigungsmittel braucht.

Auch in der Küche ist weniger einfach mehr.
Wenn man das Geschirr nach der Benutzung direkt abspült, braucht man keinen Geschirrspüler und muss sich auch nicht von Spülbergen den Tag verderben lassen.

Wenn man nicht so viel Geschirr besitzt, kann auch nicht so viel herumstehen, ganz einfach.

Somit ist es ganz automatisch auch viel ordentlicher.
Man braucht keine 100 Paar Schuhe, um glücklich zu sein, ein Paar für jede Gelegenheit ist vollkommen ausreichend.
Und es sind auch keine 20 Handtaschen notwendig zum „Überleben", eine praktische Tasche für den Alltag und eventuell noch eine schickere Variante zum Ausgehen reichen aus.

Kleidung sollte man so viel haben, dass immer genug zum Anziehen da ist, wenn ein Teil in der Wäsche ist, aber auch nicht mehr.

Somit fällt es einem doch auch viel leichter sich anzukleiden, bei zu viel Auswahl, hat man wirklich die Qual der Wahl.

Dadurch, dass man in allen Bereichen des Lebens nur die Dinge besitzt, die man wirklich braucht, reduzieren sich auch die Schränke und Aufbewahrungsmöbel um einiges, im Umkehrschluss man hat wieder viel mehr Platz in der Wohnung.

Diesen dazugewonnenen Platz kann man besser zum Tanzen, für Sport, z. B. Yoga, nutzen, das ist viel sinnvoller, gesünder und macht glücklicher.

Weil, glücklich sein, das ist doch unsere Hauptaufgabe im Leben.

Wenn wir wieder glücklich aus uns selbst heraus sind, dann verlieren materielle Dinge sowieso an Bedeutung. Man wird immer mehr feststellen, dass vieles eher belastend statt nützlich ist.

Weniger ist einfach mehr, mehr an Zeit, mehr an Geld, mehr an Leichtigkeit, mehr an Lebensfreude, mehr an Wahrnehmen des wundervollen Planeten, auf dem wir leben, mehr an dem, was unsere eigentliche Aufgabe hier ist: Mensch sein.

Man kann die freigewordene Zeit nutzen, um es sich in seinem Sessel gemütlich zu machen und bei einer leckeren Tasse Tee ein gutes Buch zu lesen.

Oder, um in die Natur zu gehen, im Wald Bäume zu umarmen, die Schönheit von Blumen zu genießen und einfach einzutauchen in dieses Paradies, welches wir hier auf Erden haben.

Man kann darüber nachdenken, weniger zu arbeiten, da man ja nicht mehr so viel Geld zum Leben benötigt.
Es ist mehr Zeit und Geld für wundervolle Reisen da, die man vielleicht immer schon einmal machen wollte. Das Leben kann eine ganz andere Qualität bekommen.

**Wie entrümpelt man richtig?**

Dieses Buch zeigt Wege auf, wie man sich von überflüssigen Dingen in Leichtigkeit trennen kann und sich somit mehr Lebensraum, Freiheit und Lebensqualität erschafft.

Es macht definitiv keinen Sinn, an Dingen festzuhalten, die man vielleicht irgendwann einmal wieder gebrauchen könnte. Weil, es ist immer alles da im Leben, was wir gerade brauchen, ob materiell oder spirituell, und das ist nicht von überfüllten Schränken mit Dingen für alle möglichen Eventualitäten abhängig. Das Wichtigste ist immer mit offenen Augen durchs Leben zu gehen.

"Nehmt Euch den Raum zum Entfalten.
Nehmt Euch den Raum, um ganz zu werden.
Nehmt Euch den Raum zu erkennen, dass alles da ist
ob du willst oder nicht.
Nicht nur hier in diesem Raum,
sondern in jedem Atemzug."
Natara®

Und genau so ist es. Für uns ist immer bestens gesorgt, warum dann Dinge unnötigerweise horten, die uns nicht nur platztechnisch belasten.
Entrümpeln ist einfach auch eine große seelische Befreiung.

Unser Innerstes sehnt sich doch danach, dass wir uns auf das Wesentliche im Leben konzentrieren und uns nicht ständig ablenken lassen von Nebensächlichkeiten.

Effektiv ist es systematisch vorzugehen, man kann z. B. jeden Tag eine bestimmte Anzahl von Dingen aussortieren, aber man kann auch Zimmer für Zimmer, Schrank für Schrank vorgehen.

Generell ist es hilfreich, wenn man bei jedem Schrank, Regal, usw. wirklich erst mal alles ausräumt.
Und dann die Sachen Stück für Stück durchschaut und sortiert.

Generell vorab ein paar Tipps, was man mit den Sachen machen kann, die man für überflüssig befunden hat und nicht mehr in die Schränke einräumen möchte.

Viele Dinge kann man gut im Internet über Verkaufsportale wie z. B. www.ebay-kleinanzeigen.de, www.ebay.de, www.markt.de und viele andere verkaufen.

Ebay-Kleinanzeigen ist generell für alles empfehlenswert, es ist vermutlich das bekannteste Portal, es ist kostenfrei (außer man bucht Extras), Anzeigen kann man dort einfach und schnell einstellen.

Für hochwertige und sehr gefragte Artikel ist auch direkt Ebay zu empfehlen, hier fallen bei erfolgreichem Verkauf Gebühren an. Einmal eine Angebotsgebühr von je 0,50 Euro und dann 10 % vom Kaufpreis. Ebay macht aber auch immer wieder Aktionen, dass man z. B. für die ersten 20 Artikel keine Angebotsgebühr zahlt oder so. Diese Angabe ist ohne Gewähr, da Ebay das auch immer wieder mal ändert.

Wichtig ist immer, wenn man Dinge im Internet verkauft und versendet, dass man das Geld erhalten hat, bevor man die Sachen zum Käufer sendet.

Es ist ratsam hierfür Paypal zu nutzen, dann ist man auf der sicheren Seite und die Käufer auch, außerdem ist es sehr bekannt und beliebt.

Nach wie vor ist auch ein Flohmarktstand eine gute Möglichkeit, um nicht mehr Benötigtes zu verkaufen. Das ist oftmals sehr spannend und es macht auch Freude, wenn man sieht, wie jemand anderes die Dinge noch gut gebrauchen kann. Manchmal kommen Menschen und sagen, genau das suche ich schon die ganze Zeit, dann trennt man sich doch gerne davon.

Es ist eine angenehme Sache, wenn man für Dinge, die man sowieso nicht mehr braucht, noch etwas Geld bekommt und dafür zu Hause mehr Platz hat. Allerdings muss man sich im Klaren sein, dass der Preis in der Regel weit unter dem Neupreis liegt.

Natürlich kann man generell immer im Freundes- und Bekanntenkreis fragen, ob jemand das eine oder andere gebrauchen kann.

Man kann die Dinge auch in Sozialkaufhäuser geben, für Menschen mit geringem Einkommen.

Am Ende des Buches findet man noch eine Liste der 100 wichtigsten Dinge. Diese Liste ist als Orientierungshilfe gedacht, natürlich können dies bei jedem Menschen individuell andere Dinge sein.

Fangen wir doch einfach mal im Badezimmer an, als Erstes schaut man welche Tuben, Tiegel usw. hat man schon ewig nicht mehr benutzt, alles was da schon 1 Jahr und länger nutzlos steht, kann in der Regel raus. Was noch OK ist zum Benutzen, vielleicht noch gar nicht geöffnet, kann man eventuell noch weiterverschenken, alles andere über den Hausmüll entsorgen. Dann kann man sich Gedanken darüber machen, ob die verwendeten Produkte überhaupt noch die richtigen für einen sind. Man kann synthetisch hergestellte Körperprodukte austauschen für einfache, natürliche Produkte, die man teilweise sowieso schon zu Hause hat oder auch ganz einfach selbst herstellen kann.

Die meisten herkömmlichen Zahncremes enthalten Flour, welches ein biologisch nicht abbaubares Umweltgift ist, Flour steht zudem im Verdacht krebserregend zu sein, in Belgien z. B. sind inzwischen Zahncremes mit Flour verboten. In Naturkostläden oder im Internet werden aber auch schon einige Zahncremes ohne Flour angeboten.

Zahncreme, kann man auch wundervoll durch Natron ersetzen, es beugt zudem unangenehmen Mundgeruch vor und sorgt für eine gute Mundflora. Man kann es gleichzeitig auch zum Haarewaschen verwenden, ein Körperpeeling oder auch ein Basenbad damit machen, das Gesicht mit lauwarmem Natronwasser waschen, die Haut ist danach schön weich. Auch in der Küche ist Natron ein absolutes Multitalent, welches in keinem Haushalt fehlen sollte.

In sehr vielen Duschgels ist Sodium Laureth Sulfate enthalten, dieser Stoff war der Hauptbestandteil vom Entlaubungsmittel „Agent Orange" im Vietnamkrieg, es kann jeder selbst entscheiden, ob er sich das jeden Tag auf die Haut geben möchte. Es steht auf alle Fälle ebenso im Verdacht sehr krebserregend zu sein und stört den Hormonhaushalt.

Eine einfache Alternative ist eine hochwertige Pflanzenölseife. Auch Cremes kann man einfach selbst herstellen, dafür gibt es im Internet vielfältige Anleitungen.

Kokosöl ist z. B. sehr gut für die Hautpflege geeignet.
Cremes auf Mineralölbasis (Paraffinum), mit Petrolatum, PEG und Parabenen gehören auch eher in den Mülleimer als auf die Haut.

Deos mit Aluminium stehen ebenfalls im Verdacht krebserregend zu sein, das einfachste Deo der Welt:

Natron auf den feuchten Finger geben und in der Achselhöhle oder den Fußsohlen verreiben, Natron neutralisiert und bindet alle Gerüche und das ganz natürlich und ohne die Poren zu verkleben.

Auch bei Haarspray, Haarfestiger sollte man überlegen, ob man sie wirklich braucht, bzw. durch natürliche ersetzen kann, dazu einfach im Internet schauen, es gibt einige Anleitungen wie man auch diese einfach und natürlich selbst herstellen kann.

Empfehlenswert ist es Kosmetika wirklich über den Hausmüll zu entsorgen, nicht in den Abfluss geben, da diese Dinge auch fürs Grundwasser nicht gerade förderlich sind, der Hausmüll wird in Deutschland hauptsächlich verbrannt, das Gleiche gilt für Putzmittel, die man nicht mehr verwenden möchte.

Aber am besten ist es natürlich, dass wir durch bedachtes Anschaffen und verwenden, einfach viel weniger Müll produzieren.

Wie schaut es mit den Gebrauchsartikeln im Badezimmer aus, es ist in der Regel vollkommen ausreichend, wenn man von jedem Artikel einen hat. Man braucht keine 3 Haarbürsten, Schwämme, Rasierer usw. Besser schauen, ob die Sachen wie z. B. Zahnbürste, Schwämme noch hygienisch in Ordnung sind und gegebenenfalls durch neue ersetzen, wichtig dabei ist, die alten dann immer gleich entsorgen. Die Kosmetik und Gebrauchsartikel im Badezimmer, die man wirklich braucht, sollten in einen normalen Kulturbeutel passen.

**So dann gehen wir mal in die Küche.**

Hier ist es sinnvoll mit dem Kühlschrank anzufangen, diesen sollte man sowieso regelmäßig durchsehen, bzw. mit System einräumen, damit man den Überblick hat und möglichst wenig Lebensmittel entsorgen muss. Erst mal schaut man, ob es Lebensmittel gibt, die direkt entsorgt werden können, weil sie nicht mehr genießbar sind. Als Nächstes schaut man, welche Lebensmittel müssen in Kürze verbraucht werden, diese dann beim Einräumen separat nach vorne stellen. Gibt es vielleicht Lebensmittel, die man gar nicht mag? Auch diese sollte man nicht mehr einräumen, entweder kann man sie verschenken oder im Zweifelsfall dann auch lieber entsorgen bevor sie dann ewig sinnlos im Kühlschrank herumstehen.

Ein Tipp am Rande, Avocados, die man nicht mehr essen kann, weil sie braun sind, eignen sich super als Haarpackung. Einfach in die Haare einmassieren, mindestens eine halbe Stunde einwirken lassen und ausspülen. Die Haare sind danach super geschmeidig.

Dann kann man mit allen anderen Lebensmitteln weiter machen nach dem gleichen Prinzip wie beim Kühlschrank. Wenn es mehrere Packungen vom gleichen Lebensmittel gibt, dann diese beim Einräumen nach Mindesthaltbarkeitsdatum sortieren, das Älteste immer nach vorne.

Wenn man konsequent beim Nachkaufen darauf achtet, dass man die Lebensmittel richtig einsortiert, sollte es in Zukunft hier nichts mehr geben, was entsorgt werden müsste, weil es zu alt ist.

Dann schauen wir wie viel Geschirr haben wir wirklich, hier ist es wichtig, dass man sich selbst die Frage stellt, wie viele Teile man von jedem braucht, das ist individuell.

Wohnt man allein und hat selten Besuch, sind 1–2 Teile von jedem (Teller, Tassen, Gläser, Besteck ...), vollkommen ausreichend.

Man kann sie direkt nach Benutzung abspülen, da geht es noch ganz leicht, man benötigt nicht mal unbedingt Spülmittel, außer für fettige Sachen.
Für Angebranntes und auch gegen Fett ist Soda ebenso genial, wie zum Backofenreinigen. Somit ist auch eine Spülmaschine überflüssig, es sammeln sich keine Geschirrberge an und es ist immer ordentlich in der Küche.

Wenn man mit mehreren Menschen im Haushalt lebt, bzw. oft Besuch bekommt, dann sollte man für jeden Menschen mindestens einmal alles haben.
Wie schaut es mit den ganzen Küchengeräten und -utensilien aus?

Hier wird man vielleicht feststellen, dass man die meisten gar nicht bzw. selten benutzt oder dass man sie mehrfach hat.

Auch hier gilt in der Regel, von jedem Gerät eines ist vollkommen ausreichend.

Man sollte sich bei jedem Gerät überlegen, ob man es wirklich benötigt, bzw. wann man es das letzte Mal benutzt hat.

Jeder hat da natürlich individuelle Vorlieben und sollte auch danach aussortieren.

Viele Geräte nehmen einfach nur Platz in Anspruch und sind generell nicht notwendig. Ein Eierkocher z. B., Eier kann man wunderbar im Topf kochen, dafür benötigt man auch keine Eieruhr, die Zeit kann man mit dem Handy einstellen.

Ebenso ein Eierschneider, mit etwas Geschick kann man Eier wunderbar mit einem scharfen Messer scheiden. Wer gerne Kaffee trinkt, von Hand gebrüht schmeckt er viel besser als aus der Kaffeemaschine, Handfilter aus verschiedenen Materialien kann man im Internet bestellen oder in einer gut sortierten Haushaltswarenabteilung kaufen.

Braucht man wirklich eine oder mehrere Küchenmaschinen? Hier kommt es natürlich auch wieder auf die Koch- und Backgewohnheiten an. Manch einer benutzt sie fast täglich, aber bei vielen steht so ein sperriges Teil das ganze Jahr im Schrank herum. Auch wenn die eigentliche Arbeit mit so einem Gerät schneller geht, ist es oftmals einfach zu aufwendig immer alles aufzubauen, nachher die ganzen Teile wieder zu reinigen usw., was dann im Ganzen betrachtet vielleicht sogar noch länger dauert.

Da sich inzwischen immer mehr Menschen vegetarisch oder vegan ernähren sind auch viele Geräte nicht mehr nötig, die früher für die Zubereitung von Fleisch benutzt wurden, wie z. B. ein elektrisches Messer, Fleischbräter für Geflügel, Schnitzelklopfer, Fleischgabel usw.

**Braucht man eine Brotmaschine wirklich?**

Mit etwas Übung kann man Brot auch sehr gut mit einem Brotmesser schneiden. Sandwich Toaster, Crêpesmaker, Fritteuse, Raclette, Fondue, Eismaschine ...

*Benutzt man sie oder stehen diese Geräte nur nutzlos im Schrank herum?*

Viele von uns haben Mengen an Dosen und Schüsseln aus Kunststoff, da sollte man grundlegend überlegen, wie viel davon wird wirklich regelmäßig benutzt und ob man diese vielleicht austauscht. Kunststoffe enthalten in der Regel gesundheitsschädliche Weichmacher, welche sie dann mit der Zeit abgeben.

Es gibt mittlerweile immer mehr Alternativen aus natürlichen Materialien, z. B. aus Bambus, es gibt auch Glasdosen mit dicht verschließenden Deckeln und einiges mehr.

Man kann auch z. B. Gurken-, Marmeladengläser usw. aufheben, um dann andere Lebensmittel in ihnen aufzubewahren.

Wer gerne Kuchen bäckt, der sollte natürlich schon die passenden Utensilien dafür haben, aber auch hier kann man schauen, braucht man alle Kuchenformen, die man hat und so.

Wie sieht es mit den Koch- und Backbüchern aus, oftmals ist es so, dass man immer Rezepte aus den gleichen Büchern macht und andere nie anschaut. Wenn überhaupt, sollten maximal 2 – 3 Koch-/Backbücher vollkommen ausreichend sein.

*Hier sollte man sich fragen, koche ich überhaupt oft nach Rezepten?*

Außerdem findet man heute zu allen Themenbereichen passende Rezepte im Internet.

Welches Gerät auch eher zum Elektroschrott gehört, als in die Küche ist die Mikrowelle.

Mikrowellenstrahlen erwärmen nicht nur das Essen, sie verändern es auch so, dass es eher schädlich ist für uns, und wenig, wenn überhaupt noch, Nährstoffe hat.

**Dann machen wir doch beim Kleiderschrank weiter.**

*Welche Teile hat man ein Jahr und länger nicht getragen?*

Diese kann man in der Regel aussortieren. Welche Teile hat man noch nie getragen, obwohl sie schon längere Zeit im Schrank hängen? Auch von diesen kann man sich getrost trennen.

Welche Teile sind schon sehr abgetragen? Sicher ist es nützlich davon etwas aufzuheben, für Zwecke wie renovieren und so, damit man sich dabei keine guten Kleider verdirbt, aber das sollten in der Regel nicht mehr wie 2 Teile von jeder Art sein.

Generell ist es auch hilfreich die Teile noch einmal anzuziehen und zu schauen, ob man sich darin wohlfühlt und ob sie noch gut passen.

Gut erhaltene Teile, insbesondere Markenware, kann man auch gut in Secondhandshops bringen. Ein gut sortierter Kleiderschrank hat für jede Saison ausreichend Teile, dass man immer genügend zum Anziehen hat, wenn ca. die Menge einer Waschmaschinenladung in der Wäsche ist, aber auch nicht so viele Teile, dass man beim Anziehen immer die Qual der Wahl hat.

Einen besseren Überblick hat man, wenn man die Teile alle auf Kleiderbügel hängt und nach Art sortiert, alle T-Shirts, alle Pullover, alle Hosen ... zusammen. Was im Einzelnen und wie oft drin sein sollte, ist natürlich sehr individuell und kommt auch auf den eigenen

Geschmack an. Eine Orientierungshilfe ist allerdings die Liste der 100 wichtigsten Dinge am Ende des Buches.

Es hängt u. a. auch davon ab, welche Kleidung man für die Arbeit benötigt, was man für Freizeitaktivitäten macht, für die man spezielle Bekleidung braucht, usw.

Das Wichtigste ist, dass nach dem Aussortieren im Schrank nur noch die Teile hängen, die man auch wirklich trägt.

Beim Kleiderkauf sollte man sich immer fragen, ob das Teil sinnvoll ist, nie aus einer Laune heraus kaufen. Bei reduzierten Teilen, die man erwerben möchte, sollte man sich fragen, ob man es auch zum regulären Preis kaufen würde. Oftmals kaufen wir Teile, weil sie günstig sind und ziehen sie dann doch nie an. Das ist in Wirklichkeit kein Schnäppchen, es fällt eher in die Kategorie Geld zum Fenster herausgeworfen.

Es ist auch immer empfehlenswert etwas mehr auszugeben, für eine gute langlebige Qualität, als wie irgendwelchen Schnäppchen nachzujagen. Kommt erfahrungsgemäß unterm Strich auch viel günstiger.

**„Die Freude über die gute Qualität eines Teiles währt wesentlich länger, als wie die Freude über den günstigen Preis.“**

Im Schuhschrank ist es empfehlenswert für jede Gelegenheit ein Paar Schuhe zu haben.

z. B. 1 Paar geschlossene Schuhe für den Alltag, 1 Paar Sandalen, 1 Paar Turnschuhe, 1 Paar Hausschuhe, 1 Paar Winterschuhe/Stiefel und 1 Paar elegante Schuhe zum Ausgehen/für besondere Anlässe. Somit benötigt man auch nur einen Schuhschrank.

Hier sollte man als Erstes schauen, welche Schuhe sind abgetragen und können direkt entsorgt werden? Schuhe mit schiefen Absätzen sehen nicht nur uncool aus, sie sind auch nicht gerade rückenfreundlich.
Dann schaut man weiter nach dem gleichen Prinzip wie im Kleiderschrank.

*Welche Schuhe habe man schon ein Jahr und länger nicht getragen?*

*Welche hatte man noch nie an?*

*Gibt es Schuhe, die nicht gut passen, bzw. unbequem sind?*

Auch Bettwäsche und Handtücher kann man durchschauen. Pro Menschen im Haushalt sind 2 Bettwäschegarnituren ausreichend, eventuell 2 für Sommer und 2 für Winter.

Auch Handtücher benötigt man nur so viele, dass man etwas mehr hat wie die Menge einer Waschmaschinenladung.

Bücher sollte man nur diese aufheben, in denen man noch liest.

Bei Sachbüchern schauen, ob sie überhaupt noch aktuell sind, viele Bücher und Themen sind längst überholt oder man interessiert sich vielleicht auch gar nicht mehr für das jeweilige Thema.

Romane, die man einmal gelesen hat, braucht man in der Regel nicht aufheben, wobei es hier sicherlich auch Ausnahmen gibt, jeder hat so seine Lieblingsbücher, die man vielleicht auch öfters liest.

Die Bücher, die man aussortiert hat, welche aber noch in einem guten Zustand sind, kann man z. B. bei, www.rebuy.de, www.booklooker.de, www.momox.de, www.mehrwegbuch.de und einigen anderen Portalen verkaufen.

Bei www.bonavendi.de kann man schauen, welcher Anbieter den besten Preis für das jeweilige Buch bietet, auch für CDs, DVDs, Videospiele, Handys und Tablets.

In vielen Städten gibt es auch Büchertelefonzellen, dort kann jeder Mensch Bücher reinstellen, die er nicht mehr möchte und auch selbst Bücher mitnehmen, die einen interessieren.

Bücher, die man entsorgen möchte, einfach in die blaue Papiertonne geben.

Deko-Gegenstände, auch hier gilt, weniger ist mehr. Niemand sollte aus minimalistischen Gründen in einer kahlen Wohnung leben.
Aber man kann schauen, an was man wirklich Freude hat und was nur Staubfänger sind. Geschenke in Ehren, aber wenn einem z. B. die Porzellanfigur von Tante Hilde nicht gefällt, sollte man sie auch nicht aufstellen. Wenn an jedem freien Platz irgendwelcher Nippes rumsteht, geht der Blick für das wirklich Schöne unter.

Besser ist, man dekoriert gezielt und hat dann auch wirkliche Freude an den Dingen. Lieber immer mal was anderes dekorieren oder sich auch etwas Neues gönnen, aber dann nicht einfach dazustellen, sondern wirklich auch etwas anderes dafür wegräumen.

Ein schönes Bild, eine Kerze, ein paar Blumen sind oft ausreichend und schenken mehr Freude und Inspiration, wie viele Figuren und andere Deko-Gegenstände, die auch noch regelmäßig abgestaubt werden wollen.

Viele Menschen sind oft zerstreut und abgelenkt, was auch mit der ganzen Reizüberflutung in vielen Bereichen des Lebens zu tun hat. Deshalb ist es gut, wenn man zumindest zu Hause die Sinneseindrücke reduziert.

Auch zum Putzen und Waschen braucht man niemals zig verschiedene Reiniger für jeden Zweck, wenn man ein paar grundlegende Mittel zur Hand hat, kann man alle anfallenden Reinigungsarbeiten im Haushalt mühelos erledigen.

Man braucht einen Neutralreiniger, Soda, Natron, Waschmittel (kann man auch einfach selbst herstellen, im Internet nach Anleitungen schauen), Geschirrspülmittel und Spiritus zum Fensterputzen.

Alle anderen vielversprechenden Spezialreiniger schaden nur dem Geldbeutel und der Umwelt.

*Wie schaut es mit den ganzen Aktenordnern aus, was ist da alles so drin?*

Auch hier kann man in der Regel um einiges reduzieren. Bei Kontoauszügen ist es empfehlenswert die letzten 3 Jahre aufzuheben, eine gesetzliche Verpflichtung gibt es hier nicht für Privathaushalte.

Wenn man Onlinebanking nutzt, braucht man sie nicht mehr in Papierform. Hier nur darauf achten, wenn man ein Konto wechselt,

die Auszüge noch mal separat für sich speichern, da man sonst nach Kontolöschung nicht mehr drauf zugreifen kann.
Rechnungen und Kaufquittungen von Dingen, für die keine Gewährleistung mehr besteht, in der Regel sind das 2 Jahre, kann man entsorgen.

Bei Handwerkerrechnungen ist es etwas anders, da ist man als Privathaushalt sogar verpflichtet sie einen gewissen Zeitraum aufzuheben, dieser sollte auf der Rechnung vom Handwerker vermerkt sein. Hier geht es darum, dass der Staat gegen Schwarzarbeit vorgehen möchte und dann im Zweifelsfall den Nachweis sehen möchte, dass die Arbeit nicht „schwarz" ausgeführt wurde.

In der Regel ist das aber nicht länger als 2 Jahre.

Im eigenen Interesse ist es aber sinnvoll sie länger aufzuheben, falls z. B. später irgendwelche Baumängel oder Ähnliches auftritt, dass man Gewährleistungsansprüche geltend machen kann. Steuerunterlagen muss man als Privatperson vom Gesetzgeber her auch nicht aufbewahren, von daher kann man sie theoretisch, nachdem der Steuerbescheid eingegangen ist, entsorgen. Empfehlenswert ist es immer das letzte Jahr aufzuheben, da man manchmal doch noch etwas nachschauen muss und man kann sie dann auch gleich als Vorlage nutzen für die nächste Steuerklärung, wenn man die Steuerklärung selbst erledigt.

Man kann die Steuerklärung natürlich auch papierlos online vornehmen über das Portal www.elster.de, welches direkt von den Finanzbehörden ist, bzw. gibt es auch auf dem freien Markt Steuersoftware, die man hierfür nutzen kann.

Bei den monatlichen Lohnabrechnungen macht es Sinn, das letzte Jahr aufzuheben, es gibt keine gesetzliche Aufbewahrungspflicht. Aber wenn man z. B. einen Kredit oder eine Ratenzahlung vereinbaren möchte, dann benötigt man in der Regel die Lohnabrechnungen der letzten 3 Monate.

Was man immer aufbewahren sollte, sind die jährlichen Lohnsteuerbescheinigungen und die Meldungen zur Sozialversicherung. Das kann später bei der Rentenberechnung sehr nützlich sein als Beweismittel, da die Rentenberechnungen nicht immer korrekt sind.

Bei Versicherungsunterlagen auf jeden Fall die Originalpolice aufheben und eventuell die letzte Rechnung, alles andere belastet nur. Hier ist es auch sinnvoll sich generell mal Gedanken darüber zu machen, ob man wirklich alle Versicherungen benötigt, die man hat.

Viele Policen machen nur den Versicherungsvertreter und die Gesellschaft glücklich und sind für den Verbraucher vollkommen nutzlos.

Versicherungen basieren auf dem Prinzip der Angst, wer Vertrauen in sich und ins Leben hat, braucht in der Regel weniger Versicherungen.

Aber da sollte jeder für sich selbst prüfen und entscheiden, was er versichern möchte und was nicht. Zu anderweitigen Verträgen sollte man natürlich auch die Vertragsunterlagen aufheben, solange sie laufen.

Vieles was man in Papierform hat, kann man natürlich auch alternativ auf dem Computer speichern. Empfehlenswert ist es allerdings zusätzlich auf einem Speichermedium, z. B. externe Festplatte, USB-Stick, das ganze nochmals als Sicherungskopie zu speichern.

Auch auf dem Computer, Tablet oder Smartphone sollte man von Zeit zu Zeit entrümpeln. Oftmals wundert man sich, warum der Computer so langsam ist, das kann damit zusammenhängen, dass einfach zu viel auf der Fest- und Arbeitsplatte gespeichert ist.

Es ist wichtig regelmäßig die Temporären Dateien zu löschen. Dort bleiben viele Daten gespeichert, die für die Nutzung bestimmter Programme notwendig waren. Wer sich nicht so gut auskennt, sollte im Internet für jedes Betriebssystem eine Anleitung zum Löschen der Temporären Dateien finden.

Seine eigenen Dateien sollte man natürlich auch systematisch durchsehen und in den Papierkorb verschieben, was aktuell nicht mehr von Bedeutung ist. Ebenso mit den E-Mails.

Auf dem Smartphone, Tablet ist es auch wichtig, von Zeit zu Zeit aufzuräumen, um sich auch hier eine einwandfreie und übersichtliche Benutzung zu gewährleisten.

Apps, die man nicht mehr benutzt, entfernen, den Verlauf von sämtlichen Messengern immer mal wieder leeren, nicht mehr wichtige SMS löschen, auch von Zeit zu Zeit mal das Telefonbuch durchsehen, ob es Kontakte gibt, die man löschen kann, Bildergalerie aufräumen usw.

Wenn man sich sicher ist, dass man das alles nicht mehr braucht, dann natürlich den Papierkorb auch leeren.

Richtig spannend wird es oft, wenn man sich den Dachboden oder Keller vornimmt.

Hierfür sollte man relativ viel Zeit einplanen.

Dinge, von denen man gar nicht mehr wusste, dass man sie hat und wo man auch keine Freude spürt, kann man natürlich unbedenklich ausmisten. Bei allem anderen ist zu überlegen, ob man es wirklich noch braucht.

Weil, wenn es schon mal im Keller/Dachboden gelandet ist, heißt das ja normalerweise, dass man diese Dinge schon eine ganze Weile nicht benutzt hat.

Ausnahmen sind natürlich saisonale Dinge, wie z. B. die Skier oder so.

Alles, was man ein Jahr und länger nicht benutzt und auch nicht vermisst hat, ist in der Regel überflüssig und man kann sich getrost davon trennen.

Wichtig ist hier natürlich, wenn es Dinge von anderen Familienmitgliedern sind, diese vorher zu fragen.

Niemals Dinge aufheben, weil man sie vielleicht doch noch irgendwann einmal brauchen könnte.

Das trifft doch nie ein, bzw. wenn ja, weiß man gar nicht, dass man sie noch hat, wo man sie findet, sie sind defekt oder Ähnliches.

Wenn man das Leben genau beobachtet, stellt man fest, dass eh immer alles da ist, was wir brauchen, in jeder Lebenssituation, nur manchmal anders als wir uns das vielleicht vorgestellt haben.

Daher braucht man keine vollgestellten Keller und Dachböden, um für alle Eventualitäten gerüstet zu sein.

**Was sind denn nun also die 100 wichtigsten Dinge?**

- Zahnbürste

- Haarbürste

- Nagelfeile

- Rasierer

- Natron (zum Zähneputzen, Haarewaschen, Kochen)

- Toilettenpapier

- Toilettenbürste

- Seife

- Gesichtscreme

- Creme oder Öl für Körperpflege

- Tisch

- Stühle

- Regal

- Schrank

- Bett

- Bettdecke

- 2 Garnituren Bettwäsche mit Laken*

- Kissen

- Spiegel

- 2 Töpfe

- Pfanne

- Kochlöffel

- Pfannenwender

- Teller

- Tasse

- Trinkglas

- 1 Garnitur Holzbesteck*

- 1 Schneidebrett

- 1 scharfes Allroundmesser

- Schneebesen

- Tee-/Kaffeekanne

- Wasserkocher

- Schraubgläser für die Aufbewahrung von Lebensmitteln

- Mixer zum Zerkleinern oder Pürierstab

- Sieb

- Herd, es sei denn, man ernährt sich ausschließlich von Rohkost

- Spültücher

- Handspülmittel

- Schere

- 1 Paar bequeme Schuhe, z. B. Turnschuhe*

- 1 Paar Sandalen*

- 1 Paar schicke Schuhe*

- 2 Hosen*

- 2 Pullover*

- 4 T-Shirts*

- 3 ärmellose Tops*

- 1 Strickjacke*

- 10 Unterhosen*

- 2 BH's (natürlich nur als Frau)*

- 10 Paar Socken*

- Jogginghose*

- Winterjacke*

- dünne Jacke*

- Mütze*

- Handschuhe*

- Schal*

- 1 Hemd oder Bluse*

- 1 schickes Kleid, Kombination oder Anzug*

- 1 Badeanzug oder Badehose*

- 2 Schlafanzüge oder Nachthemd*

- Kleiderbügel

- 2 große Duschhandtücher*

- 5 Handtücher*

- 3 Waschlappen*

- Waschmaschine

- Waschmittel

- Wäscheständer

- Behältnis für Schmutzwäsche

- Kerze

- Streichhölzer

- Tasche für Alltag, z. B. Handtasche, Einkaufstasche oder Korb

- Koffer oder Reisetasche

- gute, bereichernde Bücher

- gemütlicher Lese-/Entspannungssessel

- Kuscheldecke

- Besen

- Kehrschaufel

- Putztuch für Boden
- Schrubber
- Putztuch für Oberflächen
- Universalreiniger
- Soda
- Putzeimer
- Mülleimer
- Tageslichtlampe
- Laptop
- USB-Stick oder ähnliches Speichermedium
- Handy
- Stifte
- Notizblock
- Manifestations-/Tagebuch
- Ordner für wichtige Unterlagen, Dokumente ...
- Kalender

- Iso-/ Yogamatte

- Schlafsack

- Blumen/Pflanzen

- Blumenvase

- Fahrrad

- Taschenmesser

- schönes, inspirierendes Bild

*Die Anzahl ist für einen Menschen gedacht, je nach Anzahl der im Haushalt lebenden Menschen erhöht sich diese und eventuell auch für Besuch mit einplanen

Diese Liste ist natürlich nur eine Orientierungshilfe und kann bei jedem individuell anders aussehen.

# Fazit

Zum Schluss noch ein paar goldene Regeln, die man beachten sollte beim Entrümpeln.

Es ist wichtig, dass man ungestört ist, am besten auch keine Musik dazu hören und erst recht keinen laufenden Fernseher im Hintergrund. Man sollte einfach präsent beim Ausmisten sein, damit man auch die richtigen Entscheidungen trifft und sich z. B. nicht von den falschen Dingen trennt oder so.

Generell geht ja gemeinsam immer alles leichter. Aber beim Entrümpeln sollte man besser allein mit sich sein. Unterschiedliche Meinungen schaffen nur Unsicherheit.

Es ist wichtig, den Verstand mit einzubeziehen, aber auch auf sein Bauchgefühl zu hören.

Wer sich und seinem Gefühl gut vertrauen kann, weiß, dass der erste Impuls in der Regel der richtige ist, dass kann man dann noch einmal mit dem Verstand gegenprüfen und sich dann für oder gegen ein Teil entscheiden.

Man sollte ausreichend Zeit haben, ein freier Tag, an dem sonst keine Termine mehr anstehen, ist genial.
Auch sonst sollte man sich keinerlei Druck machen. Man muss einfach auch Muse haben zum Auf-Ausräumen, das geht nicht an jedem Tag.

Wenn man feststellt, dass man an diesem Tag keinen Sinn dafür hat und nicht entscheidungsfreudig ist, dann lieber auf ein anderes Mal verschieben.

**Wichtig ist, es geht in Leichtigkeit und Freude.**

Wenn man bei jedem Teil, von dem man sich trennt, auf welchem Weg auch immer, ein freudiges erleichterndes Gefühl spürt, dann passt es.

Auch nicht so viel auf einmal vornehmen, es dauert erfahrungsgemäß doch länger, als man vorher annimmt, sonst macht man sich unnötigen Druck.

Auch immer vorher überlegen, kann man in diesem Zimmer die Sachen liegen lassen, falls man vorzeitig keine Lust oder Zeit mehr hat oder muss man alles weggeräumt haben?

Wenn man die Sachen schon aus den Schränken, Regalen usw. geräumt hat, kann man diese auch gleich mal auswaschen, das ist sinnvoll.
Systematisch vorgehen, z. B. ein Schrank, ein Zimmer oder alle Bücher. Querbeet auszumisten ist nicht effektiv. Wenn man mit mehreren Menschen in einem Haushalt lebt, auch niemals Dinge von den Kindern oder Partner ausräumen, ohne diese vorher zu fragen.

Man sollte die aussortierten Dinge auch nicht lange stehen lassen, sondern wirklich schauen, dass man sie zeitnah verkauft, verschenkt, entsorgt usw.

Nun kann man sich an dem neu gewonnenen Platz, dem freieren Lebensgefühl, den Euros, die man durch den Verkauf vieler Dinge bekommen hat, erfreuen.

Es ist auch ein wunderschönes Gefühl, zu sehen wie andere

Menschen, denen man Dinge geschenkt hat, sich daran erfreuen.

Und zu guter Letzt kann man schauen, welche Möbel sind den vielleicht jetzt auch überflüssig geworden. Kann der eine oder andere Schrank vielleicht auch raus für neuen Freiraum?

„Habe nichts in deinem Haus, von dem Du nicht glaubst, dass es nützlich oder schön ist" – William Morris

## Haftungsausschluss

Der Inhalt dieses Buches wurde mit großer Sorgfalt geprüft und erstellt. Für die Vollständigkeit, Richtigkeit und Aktualität der Inhalte kann jedoch keine Garantie oder Gewähr übernommen werden. Der Inhalt dieses Buches repräsentieren die persönliche Erfahrung und Meinung des Autors und dient nur dem Unterhaltungszweck. Der Inhalt sollte nicht mit medizinischer Hilfe verwechselt werden. Es wird keine juristische Verantwortung oder Haftung für Schäden übernommen, die durch kontraproduktive Ausübung oder durch Fehler des Lesers entstehen. Es kann auch keine Garantie für Erfolg übernommen werden. Der Autor übernimmt daher keine Verantwortung für das Nicht-Erreichen der im Buch beschriebenen Ziele. Dieses Buch enthält Links zu anderen Webseiten. Auf den Inhalt dieser Webseiten haben wir keinen Einfluss. Deshalb kann auf diesen Inhalt auch keine Gewähr übernommen werden. Die verlinkten Seiten wurden zum Zeitpunkt der Verlinkung auf mögliche Rechtsverstöße überprüft. Für die Inhalte der verlinkten Seiten ist aber der jeweilige Anbieter oder Betreiber der Seiten verantwortlich. Rechtswidrige Inhalte konnten zum Zeitpunkt der Verlinkung nicht festgestellt werden.

1.Auflage

Kontakt: Markus Strobel/Tucherstr.21/91058 Erlangen
Covergestalltung: Boris Melamet
Coverfoto: Pixabay

Printed in Poland
by Amazon Fulfillment
Poland Sp. z o.o., Wrocław

50025356R00052